Anonymous

Franz Seraph Freiherr von der Trenck, Oberst der furchtbaren Panduren,

dieser Räuber, Mörder und Mordbrenner, der Schrecken der Bayern und Franzosen, ein Ungeheuer seiner Zeit. Eine wahre Gräuelgeschichte.

Anonymous

Franz Seraph Freiherr von der Trenck, Oberst der furchtbaren Panduren,
*dieser Räuber, Mörder und Mordbrenner, der Schrecken der Bayern und Franzosen,
ein Ungeheuer seiner Zeit. Eine wahre Gräuelgeschichte.*

ISBN/EAN: 9783743670396

Hergestellt in Europa, USA, Kanada, Australien, Japan

Cover: Foto ©ninafisch / pixelio.de

Weitere Bücher finden Sie auf **www.hansebooks.com**

Franz Seraph Freiherr von der Trenck, Oberst der furchtbaren ...

Kriegsthaten.

Ein Theil der Feinde besetzte den Brückenkopf bei der Stadt Rain am Lech; der Rest stand zwischen dem Lech und Donauwörth und hatte die Verbindung durch die über den Lech geschlagene Brücke, welche zu stürmen 10 Grenadiercompagnien und 300 Kroaten mit 6 Kanonen beauftragt wurden. Aber Trenck, der die Ehre dieser Waffenthat allein genießen wollte, sprengte mit 20 Freiwilligen im gestreckten Galoppe auf die linke Flanke des Feindes, sprangen von ihren Pferden da, wo man es am wenigsten erwartete und erstiegen die Brücke. Die überraschten Feinde retteten sich nach schwacher Gegenwehr in Kähnen an das jenseitige Ufer; aber ein großer Theil von ihnen ertrank. Trenck behauptete seinen Posten bis zur Ankunft der österreichischen Armee, deren Feldherr, Prinz Carl von Lothringen, hocherfreut über diese gelungene Heldenthat, ihn noch am nämlichen Abende an seine Tafel zog.

Durch diese Auszeichnung zu neuer Kühnheit aufgestachelt, eilte er von der Tafel weg, noch in der nämlichen Nacht, mit nur 30 Mann an den Lechfluß, den Feind jenseits im Lager zu überfallen, das zu seinem größten Erstaunen von dem geflohenen Feinde war geräumt worden. Trenck konnte keinen einzigen Gefangenen machen, ließ aber 120 Zelte abbrechen, die er am andern Morgen dem Prinzen als Siegeszeichen vorwies, welcher ihm neuerdings reiches Lob spendete. Einige Tage später trennte sich die französische Armee von der bayerischen und kehrte nach Frankreich zurück.

Trenck mußte nun durch den Schwarzwald nach Alt-Breisach marschieren, um die österreichischen Lande gegen feindliche Anfälle zu schützen und die Franzosen im Elsaß mit Geldforderungen zu bedrängen. Die strengste Kriegszucht in den Reichslanden war schärfster Befehl und so genau gehandhabt, daß mancher Pandur wegen Verletzung derselben an einen schwäbischen Baum aufgeknüpft wurde. Die Einwohner verwunderten sich nicht wenig über die Gleichgültigkeit solcher Galgenvögel, die schon mit dem Stricke um den Hals die Tabakspfeife noch im Munde behielten und noch mehr, wenn sie sahen, wie Trenck manchmal eigenhändig Pandurenköpfe wie Mohnköpfe abschlug oder spaltete.

Am 29. Juli 1743 kam er in Alt-Breisach an, und gleich darnach setzten streifende Panduren über den Rhein und schwammen wieder herüber mit 48 erbeuteten Ochsen. Nach der Ankunft der österreichischen Hauptarmee von 89000 Mann bei Münzingen, bezog Trenck das Schloß Heitersheim, ging am 16. August mit 130 Mann im Angesichte des Feindes über den Rhein, und eroberte den Brückenkopf des sogenannten Geißwassers, nachdem er den Hauptmann, welcher die Brücke vertheidigen wollte, nebst 14 Mann in Stücke gehauen hatte. Die Uebrigen flüchteten in eine dicht an der Brücke gelegene Mühle, worin sie durch Feuer oder Wasser umkamen, da sie, nach ihrer Plünderung, von den Panduren verbrannt wurde. Trenck eroberte bei dieser Gelegenheit eine Trompete und eine Standarte, welche Letztere Prinz Carl von Lothringen den Panduren mit der Erlaubniß zurückgab, sie fortan als ein Siegeszeichen zu führen.

Wenige Tage nachher ging Trenck wieder über den Rhein, nahm eine Uferbatterie weg, ruinirte einige Festungswerke und verbrannte den Franzosen dreimal ein immer wieder neu erbautes Blockhaus, und die wilden Panduren machten sich täglich gefürchteter, von den Franzosen die rothen Kapuziner genannt wegen ihrer rothen Kapuzen, die sie gleich den Janitscharen auf dem Kopfe trugen.

Eine der kühnsten Unternehmungen Trencks war jene auf das Fort Mortire. Ungeachtet des Entgegenfeuerns von mehr als 100 Kanonen des Fort's setzte er mit 800 Kroaten und Panduren über den Rhein, erstürmte eine dabei liegende Redoute, und schwamm, ohne großen Verlust, mit 60 Gefangenen über den Rhein zurück. –

Prinz Carl von Lothringen hatte den dritten September zum Uebergange über den Rhein bestimmt, was an zwei Orten zugleich geschehen sollte, in der Nähe von Breisach und oberhalb Neuburgs. Nach dem Mißlingen aller Versuche übertrug der Prinz den letzten Versuch dem Trenck, der mit 1500 Panduren und Kroaten in kleinen Nachen der großen Rheininsel Rheinmark zusteuerte, welche Breisach gegenüber liegt, und nur durch einen kleinen Arm des Rheins vom Maß getrennt ist, der das Geißwasser heißt. Die Panduren erstürmten die feindlichen Schanzen, und tödteten darin alle Lebenden. Trenck hieb mit eigener Hand den commandirenden Grafen Crevecoeur und die Schildwache nieder. Gewaltige Massen Oesterreicher zogen auf die Insel und befestigten sie vollständig. Schon hatten sie Alles zum völligen Uebergange vorbereitet, als ein höherer Beschluß die Räumung der Insel veranlaßte und die Winterquartiere bezogen wurden.

Unter den Neidern der glücklichen Unternehmungen Trencks, war der Parteigänger Menzel sein größter Feind. Er verläumdete ihn heimlich bei der Armee und am Wienerhofe, und da Trenck auch mit dem General von B., der ihm unverschuldete Vorwürfe machte, in Zwist gerathen war, mußte er zu seiner Vertheidigung nach Wien. Diese gelang ihm um so mehr, als seine Heldenthaten noch im neuesten Andenken standen. Man ließ die Anklage fallen. Anfangs des Jahres 1744 ging er nach Slavonien und da ihm der Hof für jeden Mann mit Montur und Rüstung 80 Gulden zu bezahlen versprochen hatte, brachte er in 6 Wochen 2500 Panduren und 130 Husaren zusammen, die er alle in grüne Uniform mit rothen und gelben Kapuzen kleidete und mit türkischen Roßschweifen und dem Halbmonde versah. Hierauf und nach Berichtigung seiner häuslichen Angelegenheiten, reisete er nach Wien voraus, um daselbst einige Wochen lang die Freuden der Hauptstadt zu seiner Erholung zu genießen.

Ein unverhoffter Brief und ein unverhofftes Bett.

In der Oper erblickte er eines Abends die Baronin R. in einer Loge, besuchte sie dort und erfuhr von ihr, daß der Baron L., von seiner Gattin begleitet, in französische Dienste getreten sei, worauf Trenck erwiederte, daß er diese Neuigkeit sehr angenehm finde, da ihm vielleicht in einigen Monaten die Gelegenheit vergönnt sein werde, auf dem Schlachtfelde ihn zu tödten. In dem Augenblicke, da er wieder aus der Loge trat, ging ein junger Offizier, den er im Halbdunkel nicht genau ihm Gesichte sehen konnte, dicht neben ihm in die Loge zur Baronin hinein. Die Oper währte noch ziemlich lange, und als Trenck das Theater verließ, fragte ihn Jemand, ob er der Baron von der Trenck sei, und überreichte ihm auf seine Bejahung einen Brief mit der Aeusserung, daß er diesen Morgen mit der Post gekommen wäre. Hierauf verschwand er. Trenck steckte den Brief in seine Tasche, um ihn zu Hause zu lesen.

Wie hätte er denken können, daß er den Inhalt dieses Briefes erst ein Jahr später erfahren würde! Und doch geschah es so.

Von zwei Bedienten gefolgt, ging Trenck gedankenvoll seiner Wohnung zu, als ihn einige Freunde einholten, mit denen er sich in der Oper sehr gut unterhalten hatte und deren Einladung zu einem Weingelage er annahm. Trenck war ein eben so tüchtiger Trinker wie Haubegen, und sein Kopf war so voll vom Geiste der feurigsten Weine, daß er, nach dem Aufbruche der Trinkgefährten spät nach Mitternacht, hinter seinen beiden Bedienten mit wankenden Schritten ging. Der Regen strömte vom Himmel, und verdüsterte das Licht in den Laternen der Bedienten. Plötzlich stolperte Trenck über einen Stein, verlor das Gleichgewicht, und versank nahe an den Stadtmauern bis zur Brust in eine stinkende Pfütze, und ihm folgten seine zwei nicht minder betrunkenen Bedienten bei dem Versuche, ihren Herrn herauszuziehen.

Nach einer sehr feuchten Viertelstunde arbeiteten sich alle Drei glücklich heraus und erreichten triefend ihre Wohnung, wo sich Trenck halb entkleidet auf sein Bett warf und bis Mittag vortrefflich schlief, wo ihn ein Bedienter mit der Meldung weckte, daß Jemand gekommen sei, der ihn dringend zu sprechen wünsche. Trenck ließ den Jemand eintreten, einen Boten, der eine Antwort auf einen ihm gestern nach dem Theater zugestellten Brief verlangte. Kaum konnte sich Trenck noch an diesen Empfang eines Briefes erinnern, ließ den Boten im Vorzimmer warten und das am Ofen hangende Kleid bringen, worin er weder den Brief fand, noch 20 Gulden, die er in der nämlichen Tasche gehabt hatte. Er ließ den Boten wieder eintreten, forschte ihn vergebens aus, von wem der Brief an ihn abgesendet wurde, und sagte endlich, da er nicht gestehen wollte, auf welche Art er den

Brief verloren habe: „der Brief bedürfe gar keiner Antwort, oder vielmehr, die Antwort ließe sich am besten mündlich geben."

Die Folgen dieses Zufalles werden später erzählt werden.

Die rächende Schützenscheibe.

Die österreichische Armee stand im Mai 1744 wieder im Felde und Trenck traf mit seinen neuen Panduren am 24. Juni in dem Hauptlager bei Waldorf ein, und erhielt vom Prinzen Carl sogleich den Befehl, eiligst nach Alt-Breisach zu gehen und die dort in den Winterquartieren zurückgelassenen Panduren, 800 Mann stark, herbeizuholen. Er war nicht wenig erstaunt, als er nur noch 200 Mann traf und vernahm, daß die übrigen 600 Mann auf eine falsche verläumderische Nachricht, sich nach Hause begeben hätten.

Es war nämlich ausgesprengt worden, Trenck sei vom Baron L. erstochen worden, weil er die Gattin desselben entehrt, und eine dadurch veranlaßte Herausforderung des Barons aus Feigheit nicht angenommen habe. Wäre auch die erstere Nachricht eine Wahrheit gewesen, was aber nicht der Fall war, so hätte doch Niemand bei der Armee, in welcher sie gleichfalls verbreitet gewesen ist, an eine Feigheit des als tollkühn überall wohlbekannten Trenck glauben sollen. Man nannte sogar die Personen, welche dieses schmächliche Ende desselben zu Philippsburg aus dem eigenen Munde des L. selbst gehört hätten.

Nach langem Nachsinnen gerieth Trenck auf den Gedanken, daß sein Verläumder kein Anderer sein könne, als sein grimmigster Feind, der Parteigänger Menzel, und schwur diesem die schrecklichste Rache. Mit dem Reste seiner Panduren, deren geringe Zahl seine Wuth noch vergrößerte, eilte er nach Firnheim, in deſſen Nähe, auf der Maulbeerinſel, ſein Gegner ſtand. Obgleich die Todesſtrafe auf das Duell geſetzt war, wollte Trenck doch auf die Inſel hinüber, den Frevler an ſeiner Ehre im Zweikampfe zu tödten und dann in die weite Welt, ſelbſt bis Amerika, auf Abenteuer auszuziehen.

Ein ganz eigenthümlicher Vorfall überhob ihn dieſer Mühe.

Der commandirende General auf der Inſel hatte alle ſeine Offiziere zu einem prächtigen Gaſtmahle eingeladen, unter denen ſich auch Trencks Feind, der Parteigänger Oberſt Menzel befand, der ſo tapfer trank, daß er ganz betrunken wurde. Die Maulbeerinſel lag dem Fort Louis gerade gegenüber, etwa einen Büchſenſchuß weit entfernt. Im Uebermuthe des Rauſches nahte er ſich auf dem Heimwege den feindlichen Linien, rief den im äuſſerſten Vorwerke poſtirten Franzoſen die gemeinſten Schimpfworte zu, und wies ihnen zum Zeichen ſeiner größten Verachtung ſeine nackte hintere Fronte. Ein feindlicher Schütze nahm dieſe ſeltſame Herausforderung an, ſchoß und traf den Punkt mit ſeiner Kugel ſo gut, daß Menzel todt zu Boden ſtürzte, ohne je wieder auf dieſer Erde nüchtern geworden zu ſein.

Trenck vergönnte zwar ſeinem niederträchtigen Feinde dieſes ſchimpfliche Ende, doch hätte es ihm weit mehr Freude gemacht, ihn eigenhändig erſtechen oder erſchießen zu können.

Ueber den Rhein.

Prinz Carl hatte durch allerlei Märſche und Manöver den Feind über den Ort ſeines Ueberganges über den Rhein getäuſcht. In der Nacht vor ſeiner Ausführung waren alle Generale und Commandanten von ihm zur Tafel geladen, und erhielten von ihm verſiegelte Befehle mit dem ſtrengſten Auftrage, ſie erſt auf ein verabredetes gegebenes Zeichen zu öffnen. Um Mitternacht wurde von der Tafel aufgebrochen; Trenck hatte ſich ſchon um eine Stunde früher weg= geſchlichen, ſtolz auf die Ehre, den Anfang zum Ueber= gange über den Rhein machen zu dürfen. 1300 ſeiner Leute, denen Trenck wie ein zweiter Moſes verſprach, ſie in das gelobte Land zu führen, wo ſie Gold und Silber im Ueberfluße finden würden, ſetzten in 30 Barken, ihren Führer an der Spitze, glücklich über den Rhein, ohne einen einzigen Mann zu verlieren. Die Karlſtädter und Warasdiner=Grenzer folgten nach.

Muthig jagte Trenck die ausgeſtellten Vorpoſten zurück, verfolgte ſie bis in's Lager, griff die 3 Caval= lerieregimenter an, die dort ſtanden, ſchlug ſie aus einer Linie und zwei Schanzen und machte den Ober= ſten der Grenadiere zu Pferd und 26 Gemeine zu Kriegsgefangenen. Die Uebrigen entflohen. Den Pan= duren fiel eine reiche Beute in die Hände. Inzwiſchen wurden mehrere Brücken geſchlagen und am 3. Juli befand ſich die ganze öſterreichiſche Armee jenſeits des Rheins auf franzöſiſchem Boden. Prinz Carl belobte öffentlich den General Nabaſti für ſeine ſchützenden Verfügungen zur Schlagung der Brücke und Trenck für das kühn ausgeführte Unternehmen, den Feind in die Flucht zu jagen.

Nabaſti und Trenck zwangen die Stadt Lau= terburg zur Uebergabe, worin ſie ungeheuere Vorräthe erbeuteten; Kronweißenburg hatte gleiches Schickſal. Trenck ſollte hier Stand halten, bis die ganze öſter= reichiſche Armee Lauterbach paſſirt hätte. Der Feind rückte an, deſſen Avantgarde aus lauter Huſaren und zwei Cavallerieregimentern beſtand; Trenck griff ſie ſo ungeſtüm an, daß die Feinde nach kurzem Wider= ſtande flohen und erbeutete auſſer vielen Gefangenen auch ein Paar Pauken und zwei Standarten.

Am andern Tage, den 6. Juli, rückte der Feind bei Kronweißenburg, mehr als 40000 Mann stark, heran; die österreichische Armee zählte nur 10000 Mann. Dennoch wagte Trenck den Angriff. Prinz Carl konnten ihnen nicht beistehen, ohne sein vortheilhaftes Lager zu verlassen. Die Oesterreicher hatten nur die Wahl zwischen Gefangenschaft und Tod. Mit Löwenmuth schlugen sie dreimal die Feinde zurück, aber immer frische Truppen kamen ihnen entgegen. Bei Vertheidigung einer Schanze durchbohrte eine Kugel Trencks Hut, der dafür drei Hessen in Stücke hieb. Nach einem achtstündigen Kampfe erstiegen die Feinde die Linien und die Oesterreicher, die keine Munition mehr hatten, mußten den Rückzug antreten. Sie ließen etwa tausend Todte und Verwundete auf dem Platze, führten aber 800 Mann Gefangene fort. Die Franzosen erkauften diesen Sieg mit einem Verluste von 5000 Mann.

Auch die Weißenburger Garnison fiel in die Gewalt der Franzosen nach langem und tapferen Widerstande des Obersten Forgatsch, der mit einem Theile der Garnison gefangen wurde; die Mehrzahl ward niedergehauen. Die Panduren gelobten dafür eine furchtbare Rache.

Ein achttägiger ununterbrochener Regen, wodurch der Rhein aus seinen Ufern trat, verbunden mit heftigem Nordwinde, zwang die Oesterreicher, alle ihre über diesen Strom geschlagenen Brücken eiligst abzubrechen, und ihren Verkehr mit dem jenseitigen Ufer nur durch Kähne zu unterhalten. Die Franzosen versäumten es, diesen von der Natur ihnen dargebotenen Vortheil zum Verderben ihrer Feinde zu benützen. Mancher drollige Vorfall erheiterte bisweilen den blutigen Ernst des Krieges. Bei der Blokade vom Fort Louis hatten die Franzosen einige Kroaten gefangen, und sie hochfrisirt und gepudert dem General von

Bärenklau zurückgesendet. Trenck machte bald darauf dem Feinde ein Gegengeschenk mit einem panduriſch gekleideten gefangenen Franzoſen und die beiderſeitigen Gegner fanden dabei reichen Stoff zum Lachen.

Im Hauptquartiere zu Sulz, welches Prinz Carl am 26. Juli bezog, erhielt Trenck, auf die Verwendung des Prinzen bei der Kaiſerin Maria Thereſia, das Patent eines wirklichen Oberſten, und dankte für dieſe Auszeichnung durch neue kühne Thaten. Die Stadt Elſaß-Zabern wurde erſtürmt; die Panduren kletterten über die Mauer des biſchöflichen Gartens, hieben den Reſt der entflohenen Garniſon, der noch aus 200 Mann und einer großen Anzahl bewaffneter Bauern beſtand, in Stücke und fingen dann ſo eifrig zu plündern an, daß ſie ſogar vergaſſen, den Truppen die Thore zu öffnen, welche General Nabaſti völlig aufhauen laſſen mußte. Trenck war hierüber ſo erbittert, daß er drei Panduren nacheinander, die eben den Pallaſt des Cardinals von Rohan plünderten, von unten hinauf, die Köpfe abſchlug. Zwiſchen Elſaß-Zabern und Pfalzburg feſt verſchanzt, war er unermüdet, weit und breit Contributionen einzutreiben, welche ungeheure Summen betrugen. Täglich machte er bedeutende Geldſendungen in die Kriegskaſſe; ſo z. B. mußte die Stadt Hagenau nebſt Capitel und Klöſtern 627000 Gulden bezahlen. Natürlich vergaß er bei ſolchen Gelegenheiten auf ſeine eigene Kaſſe nicht.

Trenck erfuhr, daß der berühmte Parteigänger Jakob mit 200 Mann eine Mühle unweit Pfalzburg beſetzt habe. Er überfiel ihn unvermuthet mit 80 Panduren, ließ die Mühle in Brand ſtecken und Jeden der herauskroch niederſäbeln. Jakob entwiſchte, aber ſein Pferd und Gewehr fielen in Trencks Hände. Der Herzog von Harcourt ſchwur, dieſe

That durch den Untergang des ganzen Nabaß'schen Corps von 5000 Mann zu rächen, wurde aber bald darauf, nach einem ungestümen Angriffe von Seite der Oesterreicher, in die Flucht geschlagen, mit einem Verluste von 900 Mann.

Im Kloster.

Trenck eilte wieder nach Elsaß-Zabern und fand darin noch etwa 1500 Franzosen, die alle über die Klinge springen mußten, aus Rache der Panduren wegen der Behandlung ihrer Kameraden bei Kronweißenburg. Nur zwei Häuser und das Schloß des Cardinals blieben ungeplündert; das erste Haus, weil Trenck die Tochter des Besitzers liebte, das zweite durch den Edelmuth Trencks. Der Eigenthümer legte ihm alle seine Schätze zur freien Verfügung vor und bat nur um sein und der Seinigen Leben, und um Verschonung seines Hauses von einer allgemeinen Plünderung. Von der Redlichkeit dieses Mannes überrascht, bewilligte er nicht nur seine Bitten und nahm dafür nicht das Geringste an. Alle übrigen Gebäude wurden theils völlig ausgeplündert, theils in Brand gesteckt.

Dieß war auch in einem Nonnenkloster geschehen durch die Panduren und Trenck bekam deßhalb vom Bischofe die härtesten Vorwürfe. Den Zorn der Geistlichkeit fürchtend, ging er selbst ins Kloster, den Plünderern den Prozeß machen zu lassen, und für die Entschädigung der Nonnen zu sorgen, die alle dicht verschleiert waren. Eine von ihnen steckte ihm bei dem Herausgehen heimlich ein Briefchen zu, das er in seinem Quartiere las und worin er gebeten wurde, um Mitternacht allein und heimlich an die Gartenmauer des Klosters zu kommen und dieß Niemanden anzuvertrauen.

Trenck scheute keine Gefahr, er kam. Von einer Terrasse herab, welcher die Mauer als Brüstung diente, hörte er bald darauf mit leiser Stimme fragen, ob er der Empfänger des Briefchens sei. Auf seine Bejahung wurde er gebeten, die Mauer zu ersteigen und über die Terrasse in den Garten zu springen, wo man ihm Dinge von größter Wichtigkeit mittheilen werde. Trenck war bald im Garten und erkannte bei dem schwachen Schimmer des Mondes — Frau von L. Mit Mühe unterdrückte er einen Schrei des Erstaunens, der das ganze Kloster aufgeweckt hätte.

Sie begann ihre Erzählung:

„Nach unserer Trennung sprach mein Gatte von dem Vorgefallenen kein Wort mehr. Er war in bayerische Dienste getreten. Während des Feldzuges in Bayern und im Elsaß lebten wir friedlich. Aber im nächsten Winter mußte er wegen Unterhandlung zur Auswechselung der Gefangenen nach Wien reisen. Ich mußte ihn begleiten. Hier flüsterte irgend ein Verläumder ihm zu, daß sie sich bei der Armee öffentlich eines vertrauten Umganges mit mir gerühmt hätten. Die Eifersucht und vermeintlich gekränkte Ehre verwandelten seine Liebe in den schrecklichsten Haß. Ungeachtet der Betheuerung meiner Unschuld bedrohte er mich täglich mit dem Tode, um mir das Geständniß einer Schuld abzuzwingen, die nicht auf mir lag. Ein Offizier, ein guter Freund meines Gatten, erzählte ihm, daß er sie in der Loge der Baronin R. gesehen habe. Neuer Verdacht!"

„Wüthend kam er nach Hause und sagte, daß er ihnen so eben ein Duellbillet gesendet habe, worin er sie aufgefordert, ihm morgen an einem bestimmten Platze vor der Stadt Genugthuung zu geben. Sie kamen nicht. Er schimpfte sie eine niederträchtige, feige Memme!"

„Hölle und Teufel!" rief Trenck, „ihr Gatte ist ein Lügner, und dieß will ich ihm mit meiner Klinge ins Gesicht schreiben!"

Frau von L. hatte alle Mühe, ihn zu beruhigen. Trenck verfluchte seine Trunkenheit die ihm die Wonne entzog, den Tyrannen seiner Geliebten zu tödten und schwur hoch und theuer, ihn bis an das Ende der Welt zu verfolgen. Die Dame machte immer neue Versuche, ihn zur Ruhe zu bringen und wollte eben ihn ihrer Erzählung fortfahren, als ein unerwarteter Zufall sie unterbrach.

In der Herberge.

Denn plötzlich wurde ein Fenster, das in den Garten ging, aufgerissen und „Feuer! Feuer!" gerufen. Bald stand das Kloster in hellen Flammen. Er durfte nicht allein fortgehen, ohne die Baronin der größten Gefahr auszusetzen, auch nicht mit ihr über die Gartenmauer steigen, ohne von den herbeilenden Leuten bei dem Lichte des Brandes gesehen zu werden. Zum Glücke lehnte in der Nähe ein Spaten, mit welchem er die mit der Stadtmauer in Verbindung stehende Gartenthüre spaltete. Durch die schmale Oeffnung schlüpften Beide; Trenck hüllte die Baronin in seinen Mantel und führte sie, das Löschen des Brandes Andern überlassend, in seine Herberge, wo sie, durch Speise und Trank erquickt, in ihrer Erzählung fortfuhr:

„Da ich nun aus ihrem Munde weiß, daß sie die Aufforderung meines Gatten nicht zu Gesicht bekamen, so erscheint sein weiteres Verfahren gegen mich um so unmenschlicher. Am frühen Morgen des andern Tages, mußte ich mich zu seinem vertrautesten Bedienten in eine Kutsche setzen; er selbst stieg in eine andere und befahl den übrigen Hausgenossen in Straßburg bei ihm einzutreffen. Eine halbe Tagereise

vor den Ufern des Rheins blieb der Wagen meines
Gatten zurück; die Kutsche, worin ich mit dem Be=
dienten saß, fuhr links in einen Wald und kehrte um,
nachdem ich zuvor hatte aussteigen müssen."

„Ich merkte, daß der Bediente beauftragt sei, mich
zu ermorden, sagte dieß freimüthig, erklärte meine Un=
schuld und ersuchte ihn, meinem Gatten zu hinter=
bringen, daß ich ihn sterbend bitten laße, meine un=
verletzte Ehre nicht dem Gespötte der Welt preiszu=
geben."

„Da stürzte der Bediente zu meinen Füßen, be=
netzte meine Hände mit seinen Thränen, wies mir
den Dolch, womit er mich ermorden sollte und betheu=
erte, lieber sich selbst damit zu durchbohren, als mein
Herz, von dessen Unschuld er überzeugt sei. Nach
langer Berathung beschlossen wir, daß er der Kutsche
folgen, zu seinem Herrn zurückkehren und ihm meine
Ermordung melden solle. Ich versprach ihm die reichste
Belohnung, wenn der Himmel meine Unschuld jemals
belohnen und mich wieder in eine glücklichere Lage
bringen würde. Von Schmerz und Hunger entkräftet,
sank ich in einem Gebüsche nieder, worin ich die
Nacht schlaflos verlebte."

„Es war schon heller Tag, als ich den Hufschlag
von Pferden sich nähern hörte. Ich erkannte durch
die Zweige an der Spitze eines großen Reiterzuges
den französischen Parteigänger la Croir, der aber
mich selbst nie gesehen hatte und sehr überrascht war,
als ich mich ihm vorstellte und um seinen Schutz
bat, unter dem Vorwande, daß ich eine Dame sei,
die aus einem benachbarten klösterlichen Aufenthalte
entflohen wäre, wo man mich hart behandelte, um
in einem entfernteren den Verfolgungen eines Vor=
mundes mich zu entziehen, der mich mit einem mir
verhaßten Manne verheirathen wolle. Obwohl ich
—gesonnen war, nach England zu gehen, so gab ich

noch vor, in Frankreich bleiben zu wollen, um meinem Gatten durchaus keine Spur zu hinterlassen, mich späterhin möglicherweise jemals wieder finden zu können."

„Ich kam nach Elsaß-Zabern, erhielt eine bedeutende Summe für meinen werthvollen Schmuck, den ich vorsichtig in meinen Kleidern verborgen hatte, fest entschlossen, unter Beistand irgend eines vertrauten Freundes, dem ich das Geheimniß entdecken konnte, aus dem Kloster, worin ich vorläufig meinen Aufenthalt nahm, nach England zu reisen. Da schickte der Himmel Sie mir zu Hülfe, und nun beschwöre ich sie, für meine Rettung zu sorgen."

„Nicht bloß für ihre Rettung will ich sorgen, Frau Baronin!" erwiederte Trenck, „sondern auch für ihre Rache. Der Verläumder, welcher an allem Unheil Schuld ist, wurde durch einen schmählichen Tod meiner gerechten Züchtigung entzogen. Aber ihr noch lebender Gatte soll meiner Rache nicht entgehen, ich will ihm ihre Unschuld beweisen und ihn zur Reue über seine Unmenschlichkeit bringen. Ihre Reise nach England halte ich zu ihrer Sicherheit nicht für nöthig. Erholen sie sich vorerst einige Tage von ihren ausgestandenen Leiden; verschließen sie sich in diesem Zimmer, das ich Ihnen ganz allein überlasse; inzwischen will ich alle Mittel versuchen, den Aufenthalt ihres Gatten zu entdecken."

Mit diesen Worten schied er, und in wenigen Tagen erfuhr er von einem französischen Offizier, als Gefangenen, daß Baron L., Hauptmann im Corps von Belleisle sei. Dießmal schien das Schicksal Trenck, dem es sonst so manchen Streich spielte, hinsichtlich seiner Plane günstig zu sein.

richt vereitelt, daß bereits 16,000 Preußen durch Glatz
in Böhmen eingerückt und weitere 80000 durch Sachsen und die Lausitz auf dem Marsche dahin wären,
wo ihre Vereinigung am 24. August geschehen sollte.
Am 21. wurde in einem großen Kriegsrathe beschlossen, den Rückzug anzutreten, um die Erblande der
Maria Theresia und ihre Krone zu schützen. Der
Prinz täuschte die Feinde durch die sinnreichsten Trup-
penbewegungen und sein Rückzug über den Rhein,
wie früher sein Uebergang über denselben, bleibt ein
ruhmvolles Denkmal seines großen Feldherrngeistes.
Trenck genoß die Ehre, den Marsch der Arrieregarde
zu decken, wobei er noch vielfältige Beweise seiner
ausserordentlichen Bravour geben konnte.

Im Dorfe Suffelheim erfuhr er, daß unter den
Gefangenen auch Baron L. sich befinde, den er sogleich
wieder unter den Uebrigen erkannte, als er sie alle
an seinem Quartiere vorüberführen ließ. Er gab den
strengsten Befehl, dem Baron nicht zu sagen, daß er
Trencks Gefangener sei, was er auch der Baronin
verschwieg. Während die österreichische Armee in
Ottersdorf lagerte, befahl Trenck einem vertrauten
Offizier, 20 berittene Panduren mitzunehmen, dem
Baron L. die Augen zu verbinden und ihn in das
genau bezeichnete Gebüsch zu führen, in welchem auf
seine Anstiftung seine unschuldige Gemahlin hätte sollen ermordet werden, zugleich erhielt der Offizier von
ihm ein versiegeltes Papier mit dem Auftrage, es erst
nach seiner Ankunft an dem bestimmten Orte zu öffnen.
Der Offizier vollzog Alles genau.

Trenck ritt einige Stunden voraus, und nahm
die Baronin in Amazonentracht unter dem Vorwande
mit, daß sie ihm den Ort zeigen möge, der zu ihrer
Ermordung bestimmt war. Dort ließ Trenck ein
Zelt aufschlagen und sagte zur Baronin, daß er hier
einen Theil seiner auf Fouragirung ausgesendeten

Truppen erwarten müsse. Inzwischen war auch der Offizier einige hunderte Schritte davon angekommen, und hatte das versiegelte Blatt geöffnet, daß ihm befahl, den Baron L. mit verbundenen Augen an den Händen rückwärts an einen Baum zu binden, und seine Leute bereit zu halten, den Baron auf ein gegebenes Zeichen zu erschießen.

Hierauf lud Trenck die Baronin ein, zum Erschießen eines Deserteurs zu kommen, der neben andern Verbrechen auch seine unschuldige Frau ermorden wollte. Die Neugier lockte sie.

„Frau Baronin," sagte Trenck, „bevor dieser Bösewicht stirbt, wollen wir noch alle Schrecken seiner schändlichen Seele in den verzerrten Zügen seines Gesichtes lesen."

Er ließ die breite Binde von den Augen des Angebundenen nehmen; seine Gattin erkannte ihn und schrie: „Ach! mein Gatte!" und wurde ohnmächtig. Bald erholte sie sich. Der Baron gestand sein Verbrechen, forderte den verschuldeten Tod und sagte, daß er keine Gnade verlange. Die Baronin bat, ihm das Leben zu schenken, und hielt eine Ansprache an ihn, worin sie ihre Unschuld und sein ganzes Unrecht darstellte, endlich auch ihre ewige Trennung von ihm erklärte, worauf sie sich in das Zelt entfernte.

Der Baron mußte für die Rettung seines Lebens einen schriftlichen Widerruf aller seiner Verläumdungen seiner Gattin und Trencks unterzeichnen, dessen Gefangener er blieb, weil er kein Recht hatte, ihn freizulassen. Um ihm alle Hoffnung zu entziehen, jemals wieder seine Gemahlin zu bekommen, wurde ihm gesagt, daß sie nach Schottland zu Verwandten reisen und dort für immer ihren Aufenthalt nehmen wolle. Trenck hatte jedoch hinsichtlich der Baronin einen ganz anderen Plan. Er schlug ihr vor, in das letzte Dorf vor Donauwörth voraus zu fahren, und dort auf ihn zu warten, wo der Priester sie auf ewig ver-

einigen sollte. Die Baronin willigte ein und fuhr in
der Nacht unbemerkt fort.

Dieser Plan war auf den Tod des Baron L.
berechnet, der in Folge einer gefährlichen Krankheit,
die ihn befallen hatte, stündlich erwartet wurde. Allein
er genas wieder.

Eine andere Rache.

Ein Offizier Trencks, der sich von diesem beleidigt glaubte, suchte schon lange eine Gelegenheit, sich
an ihm zu rächen, bestach einen Bedienten Trencks,
und erfuhr von ihm, der an der Thüre gelauscht
hatte, den Plan unsers Helden, dem in seinem Eifer
die Worte zu laut entströmt waren. Der Offizier
hielt es für die größte Rache, den Plan seines Commandanten zu vereiteln. Er machte bei dem Baron
L. den Verräther, und Beide schmiedeten einen listigen
Anschlag.

Die Baronin erhielt wenige Stunden nach ihrer
Ankunft im Dorfe folgenden Brief:

„Frau Baronin! Ein Freund und unbekannter
Verehrer von Ihnen, warnt Sie wohlmeinend, auf
Ihrer Hut zu sein. Ihr Herr Gemahl kennt Ihren
ganzen, mit Herrn Baron von der Trenck verab-
redeten Plan, fand Mittel, frei zu werden, und sucht
Sie auf, um blutige Rache an Ihnen zu nehmen.
Fliehen Sie so schnell als möglich, da Ihr Retter
jedenfalls zu spät käme.“

Hierüber äußerst bestürzt, floh sie eilig aus dem
Dorfe, ohne zu wissen, wohin.

Im Quartiere Trencks hatte sich die falsche Nachricht verbreitet, daß Baron L. soeben gestorben sei,
von einem Nervenschlage plötzlich hingerafft. Ohne
sich von der Wahrheit zu überzeugen, sprengte er sogleich dem Orte seines Glückes entgegen. In einem
Walde unweit Rastadt rief ihm ein Greis, das Haupt

einer Zigeunerbande zu: „Halt! ich habe dir wichtige
Dinge zu sagen. Hüte dich! du hast mächtige Feinde.
Ich fürchte, daß du fallen wirst. Die Sonne deines
Lebens wird düster untergehen!"

Trenck lachte und fügte bei: „Sag an, du Zu-
kunftsprophet, was wird mir bei Donauwörth be-
gegnen?"

Der Greis schaute ihn staar an, und antwortete:
„Was du suchest, wird verschwinden.
Und du wirst sodann statt dessen,
Was du nicht vermuthet, finden."

Näheres konnte Trenck nicht aus ihm heraus-
bringen. Für ein Geschenk, das er dem Greise zu-
warf, erhielt er den Zuruf: „Ich wünsche dir Glück,
du wirst es brauchen."

In der Nacht des 11. September ritt er eiligst
dem Dorfe zu, in welchem er sich am andern Morgen
mit der Baronin wollte trauen lassen.

Aber — der Mensch denkt's, und Gott lenkt's.

Aufgeschoben ist nicht aufgehoben.

Der verrätherische Offizier hatte auch 6 Panduren,
die früher auf Trencks Befehl Prügel erhielten, gegen
diesen aufgehetzt und nebst L. in dem Augenblicke die
Flucht ergriffen, als Trenck davon sprengte. Ihre
gemeinsame Rache wollte sich nur mit dem Tode
Trencks begnügen. In der Nähe des Dorfes, wohin Trenck eilte, lag in einem öden Walde eine Kohlenbrennerhütte. Dorthin wollten sie ihn locken. L.
schickte in das Wirthshaus, welches seine Gattin bereits verlassen hatte, wie sein Spion vom Hausknechte
erfuhr, einen Brief für Trenck folgenden Inhaltes:

„Mein lieber Boron! Bei der Nachricht, daß mein
Gatte wieder in Freiheit sei, konnte ich hier nicht
länger verweilen. Ich bin in Sicherheit in der Kohlenbrennerhütte im Walde, aus dem sie kamen. Da

ich heftig zittere; ließ ich diese Zeilen, die sie freilich
nur mühsam lesen können, von einer Tochter des
Kohlenbrenners mit einem Bleistifte schreiben, um mich
möglicherweise nicht durch meine eigenen Schriftzüge
zu verrathen. Eilen sie zu mir, um für meine weitere
Rettung zu sorgen."

Trenck war erstaunt über die Abreise der Baronin.
Der Wirth fragte ihn um seinen Namen und gab
ihm dann den eben erwähnten Brief, aus dessen In-
halte er sogleich eine ihm gestellte Falle erkannte. Jede
Furcht war ihm fremd, jedes gefährliche Abenteuer
erwünscht. Um Mitternacht, wo man ihn nicht mehr
erwartete, kam er zur Kohlenbrennerhütte, wohin das
Licht des Feuers ihm den Weg wies. Statt der Frau
Baronin traf er ihren Gatten in der Mitte von sechs
Panduren. Der Offizier hatte sich schon früher aus
dem Staube gemacht.

„Ha! Meuchelmörder!" schrie ihnen Trenck zu,
und plötzlich flogen zwei Pandurenköpfe in das Koh-
lenfeuer. L. schoß eine Pistole auf ihn ab, jedoch
ohne ihn zu treffen. Die übrigen 4 Panduren stürz-
ten Trenck zu Füssen und baten um Gnade.

„Ich begnadige euch," erwiederte Trenck, „aber
macht sogleich eine Grube, um diesen Meuchelmörder
und sein Verbrechen auf immer zu begraben!"

Es geschah.

Und nun schrie Trenck dem Baron zu:

„Elender, feiger Verräther! du wolltest mit 6 Ge-
hülfen mich ermorden; ich kam allein, dich zu züch-
tigen. In meiner Macht liegt es, dich jetzt tödten
zu lassen, ohne selbst einen Finger zu rühren; aber
ich will handeln, wie ein Mann, nicht wie eine feige
Memme, gleich dir. Stelle dich zu jenem Baume
hin; du hast den ersten Schuß. Fehl nicht, oder du
bist des Todes!"

L. schoß und fehlte.

Eine Secunde darnach stürzte er todt zu Boden, von Trencks Kugel mitten in's Herz getroffen. Er wurde sogleich in die Grube geworfen, an welcher Trenck die Worte sprach: „Wer Andern eine Grube gräbt, fällt selbst hinein!"

Nachsinnend über das Abenteuer dieser Nacht, verließ er mit den 4 Panduren den Wald.

In Böhmen.

Trenck fand keine Zeit mehr, den Aufenthalt der Baronin zu erspähen. Die Armee brach den 14. September von Donauwörth auf und zog durch die Oberpfalz nach Böhmen unter dem Befehle des Feldmarschalls von Traun, weil Prinz Carl nach Wien gegangen war; sie betrat am 24. September den österreichischen Boden. Nabasti, Ghilani und Trenck führten die Avantgarde. In Tein vertheidigten 200 Preußen sich mit der äuffersten Tapferkeit. Trenck setzte ihnen mit Feuer und Schwert zu; vierzig wurden gefangen, die Uebrigen in Stücke gehauen. Am 21. Oktober stürmte er mit seinen Panduren, welche 5 Eimer Branntwein gesoffen hatten, mit unerschütterlicher Wuth die befestigte Stadt Budweis; schon waren ihm 10 Offiziere getödet, 200 Mann verwundet oder todt. Obgleich seine Truppen viel schwächer waren, als die Belagerten, die dieß in dunkler Nacht nicht sehen konnten, mußten diese sich doch, etwa 900 Mann stark, ergeben. Das nämliche Loos traf am 23. Oktober die preußische Besatzung des fürstlich-schwarzenbergischen Schloßes Frauenberg, zwei Stunden unterhalb Budweis.

Höchst erfreut über diese beiden kühnen Waffenthaten Trencks, ertheilte ihm Prinz Carl die Erlaubniß, sein Pandurencorps in ein reguläres verwandeln zu dürfen, welche Gnade jedoch Trenck ablehnte, weil sonst von seinen Leuten der Schrecken gewichen wäre, den schon ihr Anblick den Feinden einjagte.

In der Nacht vom 13. auf den 14. November begann Trenck mit seinen Panduren einen Sturm auf Colin, wo er gewiß den König von Preußen selbst gefangen hätte, wäre der Sturm nicht dadurch unterbrochen worden, daß Trenck durch eine drei= pfündige preußische Kanonenkugel eine so schwere Verletzung an seinem linken Fuße erhielt, daß zwei spannlange Splitter den Juchtenstiefel durchstachen. Bei diesem Anblicke gaben die Panduren sogleich den Sturm auf und zogen sich zurück, Trenck aber wurde auf das nahe Schloß Patschkau gebracht, um daselbst ge= heilt zu werden.

Er war wüthend über dieses Ereigniß, das eine seiner schönsten Unternehmungen vereitelte. Viel we= niger machte er sich aus den heftigen Schmerzen sei= nes verwundeten Fußes und wollte sich nach dem ersten Verbande gleich wieder zu Pferd setzen, woran die Wundärzte ihn mit Gewalt hindern mußten. Er sah sich gezwungen, das Commando über seine Pan= duren seinem Obristlieutenant Baron von Dolne zu übergeben, den er schon zum voraus um alle glücklichen Erfolge beneidete. Zur größern Sicherheit vor feind= lichen Anfällen brachte man ihn nach Znaim in Mäh= ren, wohin ihm Prinz Carl seinen eigenen Stabs= chirurg schickte. Die Oesterreicher waren so glücklich einen ihrer mächtigsten Feinde, ohne eine einzige Schlacht, in Zeit von 3 Monaten zu nöthigen, ganz Böhmen wieder zu verlassen, das er mit einer unge= heuren Macht überschwemmt hatte. Zu diesem Rück= zuge hat Trenck durch seine mit den leichten Trup= pen geleisteten Dienste so wesentlich mitgewirkt, daß seine großen Verdienste hiewegen in der Kriegsge= schichte Oesterreichs aus jener Zeit unvergeßlich blei= ben werden.

Heilung.

Trencks Wunde wurde immer gefährlicher, die Aerzte sprachen schon vom kalten Brande und von der Nothwendigkeit, das Bein abzunehmen; er wollte aber lieber sterben, als ein Krüppel werden, beichtete einem Kapuziner und bereitete sich auf seinen Tod vor, setzte ein Testament auf, und ernannte darin seine Monarchin Maria Theresia zur Universalerbin seiner sämmtlichen Verlassenschaft, weil er den größten Theil seines etwa 2 Millionen betragenden Vermögens in ihren Diensten erworben hatte. Der unglücklichen Stadt Cham, durch seine Panduren gänzlich eingeäschert, vermachte er 12000 fl., eben so viel zu frommen Zwecken, und eine beträchtliche Summe seinen Anverwandten in Preußen.

Aber die Stunde seines Todes hatte noch nicht geschlagen. Ein ausgezeichneter, ihm bringend empfohlener Wundarzt in Czaslau, erbot sich ihn durch eine, freilich sehr schmerzliche Operation, wieder herzustellen, welcher sich Trenck in der Sehnsucht nach künftigem neuen Kriegsruhme unterwarf. Der Wundarzt bohrte ihm mehrere Löcher in das Bein, um das darin stockende Mark durch verschiedene Arzneimittel wieder in Bewegung zu bringen. Standhaft hielt er die höllischen Qualen aus.

Dennoch trat die Heilung nicht so rasch ein, wie er hoffte. Tägliche Besuche von Cavalieren füllten nicht alle seine müßigen Stunden aus, und die Langeweile plagte ihn nicht wenig. Um sie zu vertreiben fing er seine Lebensbeschreibung an, die er später in einer noch traurigeren Lage vollendete. Er sehnte sich nach Wien, wo er am 13. Januar 1745 aus Brünn in einer prächtigen Equipage ankam. Bei seinem Einzuge jubelten ihm Tausende entgegen. Er ließ

Maria Theresia um Audienz bitten, die ihm auf den 17. Januar anberaumt wurde.

Er fuhr nach Hofe und ließ sich dort von zwei seiner Panduren auf einem Tragstuhle die Schloßtreppe hinauftragen, und trat dann mit Krücken in das Audienzgemach der Monarchin, die ihn sehr gnädig empfing, ihr Beileid über seinen bedauernswerthen Zustand ausdrückte, ihn tröstete und ihrer ferneren Huld versicherte. Eben so benahm sich Prinz Carl von Lothringen gegen Trenck, und die Freude über diesen zweifachen schönen Empfang wirkte bei ihm so günstig auf Gemüth und Körper, daß er am 17. März völlig hergestellt war. Trenck war hocherfreut über seine Heilung und die Triumphstunden der beiden Audienzen. Hätte er aber in die Zukunft schauen können, nur ein Jahr lang, er würde den Tod dankbarer begrüßt haben, als seine Heilung.

Neue Liebe.

Zahlreiche Räuber trieben in Slavonien wieder ihr Unwesen ärger als jemals; selbst das Militär war nicht mehr vor ihnen sicher. Trenck wurde vom Wienerhofe beauftragt, dieses Gesindel auszurotten, welches Nachts die reichesten Leute entführte und sie nur nach Erlag eines großen Lösegeldes wieder freigab. Der Kommandant der Festung Essek war angewiesen, ihm zu diesem Zwecke so viele Truppen mitzugeben, als er brauche. Trenck reisete also auf seine Güter in Slavonien, um seine Panduren für den nächsten Feldzug zu recrutiren, und den Räubern ihr Handwerk zu legen, vor denen selbst Städte und die größten Dörfer nicht mehr sicher waren. Aus Furcht vor ihren Ueberfällen wurde sogar die Hauptfestung Essek vom Commandanten derselben bis auf ein einziges Thor gesperrt.

Dieser, um sich am Hofe beliebt zu machen, empfing Trenck auf das freundlichste und wies ihm eine Wohnung in seinem eigenen Hause an. Kaum hatte er ihn seiner Gemahlin vorgestellt, als Trenck sich in diese Dame verliebte, deren Gefallsucht dem Herrn Gemahle schon manche kummervolle Stunde bereitet hatte. Zu diesem schnellen Herzenswechsel Trencks mag wohl auch der Umstand beigetragen haben, daß er auf seine Erkundigungen nach dem gegenwärtigen Aufenthalte der Baronin L., durchaus nichts erfahren konnte. In Effek war sie nicht. Sie konnte leicht erfahren, wo er sich befinde; kein Gatte hielt sie mehr zurück; warum suchte sie ihn n i c h t auf? Durch diese Kälte der Baronin suchte er seine neue Liebe vor seinem Gewissen zu verantworten.

List und Verlegenheit.

Die vielen Anbeter der Frau von W. erschienen Trenck lästig; er wollte sie auf eine feine Weise sich vom Halse schaffen. Er hatte das ganze Vertrauen des Commandanten zu gewinnen gewußt, und ließ nun bisweilen freundschaftlich einige mißbilligende Worte über die Aufführung seiner Gemahlin fallen, wodurch er es so weit brachte, daß der Commandant ihn dringend bat, seiner Gattin ernstlich die Aenderung ihrer Lebensart anzurathen. Trenck blieb somit ungestört bei seinen Besuchen der Frau von W., die da ihr Trenck von dem Auftrage ihres Gatten nichts gesagt hatte, nicht begreifen konnte, warum ihr Gemahl sie mit jeder Aeußerung von Eifersucht hinsichtlich Trencks verschone.

Eines Morgens hatte Trenck wegen einer unbedeutenden Kleinigkeit ihren Unwillen erregt und am nämlichen Abend, als er allein bei ihr war, den Versuch erneuert, sie zu versöhnen. Da sie unerbittlich blieb, fiel er ihr zu Füßen, ergriff ihre Hand und bat sie um

Verzeihung. Sie aber riß sich zürnend los und trat so rasch zurück, daß sie einen kleinen Tisch umwarf, auf dem ein Licht stand, das sogleich erlosch. Sie rief um Licht. Trenck sprach noch immer fort, ohne seine Stellung zu verändern. Die Thüre ging auf, das Licht kam, getragen vom — Gemahle, welcher mit Erstaunen den knienden Trenck anschaute und seine Gemahlin, in deren Antlitze die Züge des tiefsten Unwillens sichtbar waren.

Gar Manche wären in diesem Augenblicke in die größte Verlegenheit gerathen, nur Trenck nicht, der, ohne aufzustehen, mit dem täuschenden Scheine des Ernstes zu sprechen fortfuhr:

„Ich danke Gott für die Fügung, daß ihr würdiger Herr Gemahl gerade jetzt als Zeuge der eifrigen Bemühung erscheint, sie, gnädige Frau! durch Gründe und Bitten, seinem eigenen Wunsche gemäß, zur Aenderung ihrer Lebensweise zu bewegen. Ich zweifle nicht im mindesten, daß sie unschuldig sind; daß sie bloß ein Vergnügen daran finden, ihre Anbeter an ihrem Triumphwagen ziehen zu lassen; aber bedenken sie, daß die Welt nur nach dem Scheine richtet und daß Pflicht und Klugheit ihnen gebieten, zur Wahrung ihrer eigenen Ehre und der Ruhe ihres vortrefflichen Herrn Gemahles, auch den Schein zu vermeiden. Ich habe mir schon oft erlaubt, ihnen diese Warnung freundschaftlich zu geben; an diesem Abende hab' ich zu diesem Zwecke meinen letzten Versuch gemacht; der Himmel gebe es, daß er nicht erfolglos bleibe."

Frau von B. war von dieser Geistesgegenwart überrascht und dadurch aus ihrer eigenen Verlegenheit gezogen. Trenck genoß das Vergnügen, Zeuge ihrer Versöhnung zu sein, die von Seite der Frau Gemahlin sicher nur eine Comödie war.

Wiederſehen und viel ärgere Verlegenheiten.

Die Offiziere, welche Trenck gegen die Räuber
ausſendete, richteten wenig aus; ſie wußten mit die-
ſem Geſchäfte nicht ſo gut umzugehen, wie er ſelbſt.
Nun beſchloß er, ſein Glück ſelbſt zu verſuchen. Er
nahm 50 Huſaren mit ſich, die er für genug hielt.
Er paßte den Räubern auf, die eben von der Plünderung eines weitentfernten Dorfes zurückkehrten. Vier
von ſeinen Panduren mußten ſich bei ihnen verkleidet
auch als Räuber aufnehmen laſſen, um das Nachtquartier der ganzen Bande auszukundſchaften. Um
Mitternacht kehrte einer von ſeinen Spähern zurück,
und führte Trenck und deſſen Truppen zu einer großen,
im Walde verſteckten, für jeden Fremden unzugäng-
lichen Höhle.

Trenck fand alle Räuber, die ſich ganz ſicher
glaubten, ganz betrunken und ſchlafend; eine große
Zahl wurde ſogleich niedergehauen, der Reſt nach ge-
ringem Widerſtande gefangen. Man durchſuchte genau
die Höhle, die aus mehreren kleinen Höhlen beſtand,
worin ſich viele geraubte Leute aufhielten, die ihr
Löſegeld noch nicht bezahlen konnten. Auch kamen
unermeßliche Reichthümer und Koſtbarkeiten zum Vor-
ſchein, weit und breit zuſammengeſtohlen, die er zum
Gerichte nach Eſſek ſchickte, zur Verabfolgung an die
rechtmäßigen Eigenthümer.

Zu ſeinem größten Erſtaunen fand Trenck unter
den Gefangenen auch die Baronin L. in einem ſehr
ärmlichen Gewande, blaß und abgehärmt. Sie war
auf ihrer Reiſe nach Eſſek, als ſie aus dem Dorfe
geflohen war, wohin Trenck ſie beſtellt hatte, wenige
Stunden vor dieſer Stadt von den Räubern gefangen,
ausgeplündert und in dieſe Höhle geſchleppt worden.
Trenck fuhr mit ihr nach Eſſek und erzählte ihr
unterweges den Tod ihres Gatten, dem ſie einige

Thränen weihte. In Essek übergab er sie den Händen geschickter Aerzte, die sie in kurzer Zeit wieder
völlig herstellten.

Trenck gab sich alle Mühe, eine Zusammenkunft
der Baronin L. und der Frau von B. zu verhüten.
Da dieß nicht lange möglich war, beredete er jene,
ihn nach Wien zu begleiten, wohin ein bringendes
Geschäft ihn rufe. Sie willigte ein. Als er unter
dem nämlichen Vorwande im Hause des Commandanten Abschied nahm, bat ihn Frau von B., seine
Reise noch einige Stunden aufzuschieben, indem dann
er, sie und ihr Gatte, der ihr versprochen habe, mit
ihr den Faschingsbelustigungen in Wien beizuwohnen,
im nämlichen Wagen reisen könnten. Dieser Antrag
war für Trenck keine geringe Verlegenheit, welche
auch Frau von B. deutlich in seinem Gesichte lesen
konnte. Er entschuldigte sich mit der Ausflucht, daß
dadurch bei ihrem Gatten ein ungegründeter Verdacht
entstehen und sie auch die rastlose Eile seiner Reise
Tag und Nacht nicht wohl ertragen könne. Dagegen
würde er ihr 10 Meilen vor Wien entgegen kommen,
so daß es scheinen werde, er sei von ihrem Wagen
eingeholt worden.

Gleich nach seiner Ankunft zu Hause, reisete er
mit Frau von L. ab und eilte Tag und Nacht nach
Wien, welche Eile die Dame sehr wunderlich fand.
Er sorgte für ihre Wohnung, machte einige Gänge,
kam zurück und sagte, daß er soeben einen geheimen
Auftrag erhalten habe, der ihn auf kurze Zeit von
ihr trenne. Er fuhr dem Commandanten und dessen
Frau entgegen, und kam 10 Meilen vor Wien noch
früher an, als sie. Von da reiseten sie gemeinschaft-
lich nach Wien. Da begab es sich eines Tages, daß
beide Damen bei einer Dritten zu einer Kaffeepartie
eingeladen waren, wo das Gespräch auf den Krieg
kam, und natürlich auch auf Trenck, der darin eine

so große Rolle gespielt hatte. Frau von L. erzählte, daß sie ihn sehr gut kenne und erst vor einigen Tagen mit ihm von Essek nach Wien gereiset sei.

Frau von B. war hierüber wie vom Donner gerührt. Schweigend entwarf sie einen Racheplan. Sie lud Frau von L. zu sich und im Laufe dieser Unterredung kam Trencks Zweizüngigkeit an das Tageslicht. Der Plan der beiden Damen war bald gefaßt. Frau von B. schickte ihm die Einladung und arglos erschien er. Sie lenkte das Gespräch auf verschiedene Damen und fragte ihn dann plötzlich:

„Kennen sie nicht Frau von L.?"

Trenck wurde über diese Frage sichtbar bestürzt, und erwiederte:

„L.? L.? Dieser Name ist mir nicht ganz unbekannt. Mir ist's, als habe ich ihn schon irgendwo gehört. Darf ich bitten, mir das Aeussere dieser Dame näher zu bezeichnen, vielleicht erinnere ich mich dann leichter an sie."

Frau von B. schilderte sie sehr günstig.

„Richtig! Das scheint die nämliche Dame zu sein, mit deren Freundin und Gemahle ich im vorigen Jahre zufällig gereiset bin."

„Im vorigen Jahre?"

„Ja."

„Im heutigen Jahre nicht?"

„Nein."

„So! sie wissen also auch nicht, wo Frau v. L. jetzt sich aufhält?"

„Nein. Wie sollte ich dieß wissen? Ich stehe in keiner Verbindung mit ihr."

„Wenn dieß der Fall ist, so war es reiner Edelmuth von Ihnen, daß sie mit ihr vor einigen Tagen von Essek nach Wien gereiset sind."

Trenck war wie aus den Wolken gefallen, obgleich ihn alle diese Fragen schon auf einen nahen

Sturm vorbereitet hatten, der auch sogleich mit einer Fluth von Vorwürfen ausbrach?

Die nächste Pause benützte Trenck, sich zu entschuldigen. Er nannte Frau von L. eine zudringliche verliebte Närrin, eine Abenteuerin, die ihm überall nachreise. Er habe sie nur schnell nach Wien geführt, um sie vom Halse zu bringen, damit er nicht bei Frau von B. in einen unverschuldeten Verdacht gerathe; seitdem habe er sie nicht mehr gesehen.

Auch Frau von B. äusserte verschiedene schlimme Vermuthungen hinsichtlich der Frau von L., welchen Trenck aus Politik und zur Beruhigung kräftig beistimmte.

Plötzlich ging eine Tapetenthüre auf, durch welche Frau von L. mit zornfunkelnden Augen in das Zimmer trat.

In diesem Augenblicke lernte Trenck zum erstenmale den Schrecken kennen, den er bisher in keiner höchsten Gefahr gefunden hatte. Denn nun stand er zwischen zwei Kartätschenfeuern der schmachvollsten Vorwürfe, wurde Lügner und Verräther genannt und zuletzt von beiden Damen mit allen Zeichen der äussersten Verachtung allein gelassen.

In den Krieg.

Nach dieser unerhörten Niederlage wollte Trenck nicht mehr in Wien bleiben. Zum Glücke sollte ein neuer Feldzug in Schlesien beginnen, wohin schon seine Panduren vorausgegangen waren. Er folgte ihnen, fand aber lange Zeit keine Gelegenheit zu einer auffallenden Waffenthat. Prinz Carl rückte mit der Hauptmacht nach Königshof, um bei Sorau den Plan auszuführen, mit seiner Armee von 86000 Mann das kleine Heer des Königs von Preußen, des alten Fritz, gänzlich einzuschließen und gefangen zu nehmen. Am 30. September sollte dieser Schlag geschehen.

Doch Friedrich der Große hatte die Absicht seines Feindes früh genug durchschaut und empfing ihn so gut, daß er die Schlacht gewann.

Nach der genommenen Verabredung sollte Trenck den Preußen in den Rücken fallen, kam aber eine Stunde zu spät, fiel mit Nabasti in das feindliche Lager ein, war nahe daran, das ganze Hofgefolge des Königs, des Prinzen von Preußen und des Prinzen Heinrich mit allen Bedienten gefangen zu nehmen, und erbeutete die Kanzlei und 6 Kanonen, die bereits aufgepackte Bagage des Königs, das silberne Tafel= service u. s. w. Dem König blieb von Allem nichts übrig, als was er an seinem Leibe trug. Selbst sein geheimes Briefkästchen fiel Trenck in die Hände, wel= cher es dem Prinzen Carl zustellte, der darin Sachen von höchster Wichtigkeit fand.

In der Kriegskasse lagen 80000 Dukaten, und der Werth der ganzen Beute betrug beiläufig zwei Millionen Dukaten, da die meisten Regimenter, der Sicherheit wegen, ihr werthvollstes Gepäck im könig= lichen Lager hinterlegt hatten. Wer sich der Plün= derung entgegenstellte, war des Todes, mehr als 400 Gefangene wurden fortgeführt. Pferde, bepackte Maul= thiere und Wagen, die kostbarsten Uhren und Ringe, u. s. w. wurden in so ungeheurer Menge erbeutet, daß man für eine Kleinigkeit die werthvollsten Sachen kaufen konnte. Man verbrannte das ganze Lager mit Allem, was man nicht fortschleppen konnte und sprengte mehr als 100 Munitionswagen in die Luft.

Unter den bedeutenderen Gefangenen befanden sich: der königliche Flügeladjutant von Czeczwiz, die bei= den Lieutenants von Buttler und Bachstein, der geheime Kabinetsrath Eichel, Hofrath Kesser, ge= heimer Sekretär Kopper, Page von Diezenhof, und 107 königliche Höf= und Stallbiener.

Der König kümmerte sich nicht wegen dieses großen Verlustes, und antwortete auf die erhaltene Nachricht von dieser Plünderung seines Lagers: „Desto besser, wenn meine Feinde etwas zu thun haben und mich in meinen wichtigeren Unternehmungen nicht stören." Die leichten Truppen fügten den Preußen, bei ihrem völligen Abzuge aus Böhmen, den 12. Oktober, in den beschwerlichen Engpässen noch bedeutenden Schaden zu. Während die Preußen in Mähren einbrachen und dort Winterquartiere beziehen zu wollen schienen, wollte die Hauptarmee unter Prinz Carl durch die Lausiz in Niederschlesien einfallen. Nabasti, Franquini und Trenck zogen mit den leichten Truppen voran.

Nabasti schrieb eine große Contribution aus, welche Trenck mit Feuer und Schwert eintrieb. Schon hofften die Oesterreicher, ihr in Böhmen zu Maschendorf angelegtes Magazin mit schlesischen Lieferungen reich zu füllen, als ein unerwartetes Ereigniß ihren Plan völlig vereitelte. König Friedrich von Preußen zwang den Prinzen Carl zum schleunigen Abzuge aus der Lausiz; er begab sich nach Sachsen, das, zu einem neuen Kriegsschauplatze bestimmt schien. Die Oesterreicher räumten auch Schlesien, worin sie ihre Winterquartiere halten wollten. So standen die Sachen, als auf eine überraschende Weise am 25. Dezember, am Weihnachtsfesttage, der Friede geschlossen wurde, der das blutige Trauerspiel und somit auch Trencks Kriegsthaten beendigte.

Das Gericht.

Wie gewöhnlich nach dem Schluße eines jeden Feldzuges, reisete Trenck auch jetzt wieder zu seiner Erholung nach Wien. Noch vor seiner Abreise dahin, setzten ihn seine Freunde von einer ihm dort drohenden schweren Gefahr in Kenntniß und bemerkten in ihren Briefen, daß seine Feinde durchaus seinen Untergang beschlossen hätten; man suche ihn bei Hof anzuschwärzen und den Pöbel gegen ihn aufzuhetzen durch die öffentliche Beschuldigung, daß er den König von Preußen in dessen Zelte gefangen und für drei Millionen verrätherisch wieder freigelassen habe, ferner, daß er sich absichtlich im Lager mit Plündern aufhielt, anstatt dem Feinde in den Rücken zu fallen, und dadurch den Gewinn der Schlacht zu veranlassen, daher nur er selbst an der Niederlage des Heeres bei Sorau die Schuld trage.

Trenck fühlte in seinem guten Gewissen keinen Vorwurf eines der ihm angeschuldigten Verbrechen, fürchtete sich nicht vor Drohungen irgend einer Art, und schickte noch vor seiner Abreise eine Bittschrift an Maria Theresia, ungefähr folgenden Inhaltes:

„Einem ehrlichen Soldaten und treuen Offizier, der sich Tag und Nacht für die Ehre seiner gnädigsten Monarchin ganzer 6 Jahre hindurch den äußersten Gefahren mit dem größten Vergnügen ausgesetzt hätte, müßte es höchst empfindlich fallen, wenn er sehe, daß seine Feinde durch Verläumbungen solcher Art ihm ein völliges Verderben zu bereiten suchten. Er könne sich ganz wohl vorstellen, daß die ganze Absicht seiner Feinde dahin gehe, ihn um Ehre und guten Ruf zu bringen, um dann unter einem guten Vorwande sein Vermögen unter sich theilen zu können.“

„Da er dieß voraussehe, so ergehe an Ihre Kaiserlich = Königliche Majestät seine allerunterthänigste Bitte, ihn von einem solchen Mißgeschicke, wo er seinen Feinden sein Vermögen und seine Ehre preisgeben sollte, zu retten. Er sei bereit, seinen Offiziersstand nebst seinem ganzen Vermögen, was es auch für einen Namen habe, seiner Monarchin zu Füßen zu legen, die darüber nach Belieben verfügen und ihm nur eine kleine Pension geben möge, damit er in einem

fremben Lande und unter einem fremden Namen, von
seinen Feinden befreit, den Rest seiner betrübten Jahre
verleben könne, mit dem tiefsten Schmerze, daß ihn
seine Feinde nöthigten, die glorreichen Dienste seiner
geliebten Monarchin auf ewig zu verlassen."

Im Bewußtsein großer geleisteter Dienste eilte er
nach Wien und hoffte eine eben so erfreuliche Auf-
nahme wie das letzte Mal. Aber in der Zwischenzeit
war eine Aenderung in die Lage der Verhältniße ein-
getreten und er, anstatt angestaunt, abgescheuet, vor-
züglich vom Pöbel, der immer so leicht geneigt ist,
seine Gesinnungen zu ändern. Seine größten Feinde
waren der Hofkriegsrath von W. und der General
L., welche hofften, bei der Verwaltung seines Vermögens ihr Schäfchen in's Trockene zu bringen; als
Werkzeuge gebrauchten sie 23 Offiziere, welche Trenck
bei seinem Regimente theils kassirt, theils fortgejagt
hatte. Diese waren die Ausstreuer der Verleumdun-
gen gegen Trenck wegen verrätherischer Freilassung
des Königs von Preußen, ferner, daß Trenck ein
gefährlicher Rebell in Ungarn werden würde, da er
30000 Gewehre auf seine Güter in Slavonien ge-
schickt habe; sie sagten, er sei ein Gottesläugner,
Kirchenräuber, Entweiher heiliger Gefäße in Bayern
und habe durch Plünderungen und Grausamkeiten sein
ungeheueres Vermögen zusammengescharrt.

Unter seinen Anklägern befand sich auch ein von
seinem Regimente entfernter Ueberläufer, ein Lieutenant,
ein verabschiedeter Hauptmann G. und einige andere
Offiziere. Von allen Anschuldigungen Trencks traten
drei Hauptpunkte in den Vordergrund: 1) daß er
Ober- und Unteroffiziere äusserst mißhandelt, 2) in
feindlichen und k. k. Ländern die gröbsten Excesse ver-
übt, und 3) das k. k. Aerar übervortheilt habe. —
Seine Ankläger bestürmten Maria Theresia so lange,
bis sie eine Untersuchung dieser Klagen anordnete, um

welche Trenck selbst, gleich nach seiner Ankunft in Wien, seine Monarchin gebeten hatte. Die von dieser niedergesetzte Untersuchungs-Commission, welche vom Hoffkriegsrathe unabhängig war, erhielt zum Vorstande den Feldmarschall Grafen von Corbua, einen rechtschaffenen, unparteiischen Mann. Er begann die Untersuchung am 6. Februar 1746 und erstattete am 8. April des nämlichen Jahres sein Gutachten, welches der Ehre Trencks keinen Nachtheil zufügte, und einzelne Ueberschreitungen nur zum Disciplinar-verfahren geeignet hielt.

Dem Schlusse des Gutachtens war überdieß die Bemerkung beigefügt: man sollte einen für die Armee so wichtigen Mann nicht mit Prozeßen aufhalten und mißstimmen, und in Anbetracht seiner wichtigen Dienste bei Kleinigkeiten Nachsicht haben.

Triumphirend über diesen günstigen Ausgang seines Prozesses, eilte Trenck mit Ertrapost auf seine Güter nach Slavonien, und warb daselbst, um seiner Monarchin einen neuen Beweis seiner Dienstestreue zu geben, noch 600 Mann für den Feldzug in den Niederlanden. Aber gerade dadurch gab er seinen Feinden eine neue Blöße, die sie wohl zu benützen wußten, indem sie die Meinung aussprengten, daß ein so gewaltthätiger Mann, der sich zudem für beleidigt halte, wohl aus Rache eine Empörung wagen werde. Unbesorgt kehrte Trenck bald wieder nach Wien zurück.

Letzter Heirathsversuch.

Inzwischen waren seine Feinde in voller Thätigkeit, seinen völligen Sturz zu bewirken, und der Monarchin seinen Charakter mit den schwärzesten Farben zu schildern. Trenck, stolz auf seine geleisteten Dienste, dachte nicht einmal an die Möglichkeit einer schlimmen Wendung seiner Sache. Bereits stand der Entschluß

in ihm fest; seine übrigen Tage auf seinen Gütern
in Slavonien zu verleben, um so mehr, als die alte
Neigung für Frau von L. wieder in seinem Herzen
entstanden war, mit welcher er sich, nach ihrer Trennung von Frau von B., durch eine tödtliche Feind-
schaft in Folge einer Eifersucht, wieder ausgesöhnt
hatte. Gewiß würde er durch eine frühere Wahl des
Privatlebens ein Glück genossen haben, das ihm auf
dem Schauplatze der großen Welt immer versagt blieb.

Er trug der Auserwählten seine Hand an, und
sie nahm ihn sogleich beim Worte, da sie aus früh-
erer Erfahrung seinen Wankelmuth kannte.

Am frühen Morgen des andern Tages wollte er
mit der holden Wittwe in die Kirche zur priesterlichen
Trauung fahren. Schon stand sein Wagen vor der
Thüre und er reichte der Baronin eben seinen Arm,
um sie über die Treppe hinabzuführen, als ein Offizier eintrat, der dem Trenck auf Befehl des Hofes
Hausarrest ankündete. Auf seine wiederholten Fragen
nach der Ursache dieses Verfahrens, betheuerte der
Offizier seine völlige Unwissenheit hiewegen. Trenck
wußte wohl, daß die Monarchin durch die geheimen
Verläumbungen seiner Feinde neuerdings über ihn
möge erzürnt worden sein, aber er verließ sich auf
seine Unschuld und war durch ähnliche mißliche Vor-
fälle schon so abgehärtet, daß er keine Schwäche
zeigte.

Muthig erwiederte er dem Offizier: „Ich beuge
meinen Nacken unter den Willen einer Monarchin,
die mir befehlen kann, obgleich es mich tief in der
Seele schmerzt, meine langen treuen Dienste auf eine
solche Art vergolten zu sehen; dennoch soll meine
Standhaftigkeit über den Neid siegen, und ich will
eben so gehorsam als unschuldig sein.“

Der Offizier entfernte sich.

Nun aber brach die unglückliche Baronin, von der höchsten Stufe ihres Glückes in den tiefesten Jammer gestürzt, in verzweiflungsvolle Klagen aus, welche Trenck's Standhaftigkeit weit mehr erschütterten, als dieß sein eigenes Schicksal zu thun vermochte. Vergebens erschöpfte er alle Trostgründe.

Ketten.

Von ihren Unglücksthränen gerührt und im Bewußtsein seiner Unschuld, glaubte er, dem Befehle der Monarchin trotzen zu können, ließ seinen schönsten Wagen anspannen, vergaß den Hausarrest und fuhr in das Theater, wo auch Maria Theresia anwesend war. Es ist auffallend, daß er nicht statt dessen den Priester holen und die Trauung im Hause vornehmen ließ, wodurch er die jammernde Baronin wohl am besten hätte beruhigen können. Es scheint daher, daß er diese wiederholte Unterbrechung seines Heirathsversuches für einen warnenden Wink der Vorsehung hielt, diese Angelegenheit nicht zu übereilen.

Im Theater erblickte Trenck in einer Loge den Hauptmann G. und noch einen von dessen kassirten Kameraden, die Rädelsführer seiner Ankläger. Von Wuth hingerissen, rannte er wie rasend in diese Loge, packte ihn an der Kehle und drohte, ihn vor den Augen der Monarchin zu erwürgen, oder in das Parterre hinabzustürzen. G. zog den Degen und hätte Trenck durchbohrt; aber dieser entriß ihm den Degen, wobei er sich die Hand durch eine Schnittwunde verletzte. Herbeieilende trennten Trenck von G., und jener fuhr zornschäumend nach Hause, wo eine scharfe Wache vor seine Thüre gestellt wurde. Seine Feinde wußten diese Unbesonnenheit so gut auszubeuten, daß einige Tage später ein Kriegsgericht gegen ihn angeordnet wurde, das am 28. April 1746 begann.

Sein größter Feind, General L. wußte es dahin zu bringen, daß ihn der Hoftkriegsrath zum Vorstande des Kriegsgerichtes und Verhöres, und zugleich zum Verwalter des Trenck'schen Vermögens ernannte und obgleich der ausdrückliche Befehl der Monarchin dahin lautete, daß das neuangeordnete Kriegsgericht nur über das erstattete Gutachten abstimmen sollte, so gelang ihm doch die Einleitung eines förmlichen Criminalprozesses, welcher 15 Monate lang dauerte, da er in allen Zeitungen alle Personen, die seit 8 Jahren gegen Trenck als Kläger oder Zeugen auftreten könnten und wollten, zu erscheinen aufforderte, und jedem hiezu Erscheinenden eine Entschädigung von ein Dukaten täglich zusicherte. Die Zahl der Zeugen betrug bald 54 und es sollen in diesem Prozesse mehr als 40 falsche Eide geschworen worden sein.

Im zehnten Verhöre wurde ihm der Vorwurf gemacht, daß durch seine Schuld die Schlacht bei Sorau verloren wurde. Er rechtfertigte sich durch das eigenhändige Zeugniß des Prinzen Karl, welches dahin lautete, daß der Ordonnanzoffizier, der ihm die Odre zum Marsch und Angriff bringen sollte, auf seinem Ritte sich verirrt und erst kurz vor dem Angriffe sie überbracht habe. General L. bezweifelte die Wahrheit des Zeugnisses und erlaubte sich sogar ehrenrührige Ausdrücke hinsichtlich des Prinzen. Diese Beleidigung des von ihm so sehr verehrten und geliebten Prinzen erfüllte Trenck mit solcher Wuth, daß er den General L., den Vorstand des Kriegsgerichtes, bei der Brust packte, ihn wie einen Zwerg in die Höhe hob, und ihn durch's Fenster, vier Stockwerke hoch, hinabstürzen wollte, als die Wache in's Zimmer sprang und des Rasenden sich bemächtigte.

Trenck wurde nun geschlossen in sein Quartier, um Mitternacht in das Zeughaus und zuletzt von 40 Grenadieren begleitet, in das Stockhaus gebracht, den Aufenthalt gemeiner Verbrecher; hier steckte man ihn in einen engen Kerker, vor welchem zwei Posten mit aufgepflanzten Bajonetten standen. Gleich darauf erschien der Plaßmajor mit 2 Ketten, 2 Hand= und 2 Fußeisen, und Trenck wurde auf Befehl des Kriegsgerichtes an Händen und Füßen kreuzweise geschlossen. Am meisten schmerzte es ihn, daß eben der bei Colin von einer Kanonenkugel im Dienste seiner Monarchin zerschmetterte und noch immer nicht völlig geheilte linke Fuß, in Eisen gelegt ward, und er 15 Tage lang und zwar in den heißesten Hundstagen, sich nicht umkleiden durfte. Sein verwundeter Fuß schwoll unter dem Drucke der Kette so heftig, daß man sie ihm abnehmen mußte, dagegen die Wache vor seinem Kerker verstärkte. Um sich in seiner tiefen Schwermuth aufzuheitern, fuhr er fort, an seiner Lebensgeschichte zu arbeiten.

Selbstrettung.

Neben Trencks Kerker war eine andere kleine Höhle, worin ein Leidensgefährte lag, Namens Beirach, ein Mann von ungewöhnlichen Talenten, aber ein Abenteurer, der sein Glück schon in zahllosen Rollen versucht hatte und zuletzt in diesen traurigen Aufenthalt gerathen war. Vermuthlich schon öfter mit ähnlichen Lagen vertraut geworden, und aller helfenden Kniffe kundig, fand er Mittel, sich mit Trenck zu benehmen und ihre beiderseitige Flucht durch einen Kanal zu verabreden, der unter ihren Kerkern vorbeifloß, mit den Kloakröhren der beiden Gefangenen in Verbindung stehend. Zwei Stockwerke trennten sie von diesem Kanale. Beirach hatte vorsichtig für alle Fluchtmittel gesorgt, und aus dem Hanffutter seiner Matratze ein mehr als 20 Ellen langes Seil gedreht. Die Flucht sollte in der nächsten Nacht ergriffen werden.

Trencks Ehrgefühl sträubte sich gegen den Gedanken an Flucht, die man ihm als Schuldbewußt-
sein deuten konnte. Diesen Grund wollte er seinem
Nachbar im entscheidenden Augenblicke eröffnen, und
ihn allein in die Freiheit ziehen lassen. Gegen Abend
brachte die Wache sein Essen, das ihm täglich nur
einmal gereicht wurde. Er fühlte keine Lust zu essen,
wollte aber einen Bissen Brod genießen, brach das
Brod auseinander und fand im Innern desselben fol-
gendes Billet:

„Geliebtester Bräutigam! Alle Hoffnung Ihrer
Freiheit und ihres Lebens ist verloren, wenn Sie
nicht durch die Flucht sich retten. Glauben Sie, die-
selbe durch Geld bewirken zu können, so sparen Sie
ja nichts. Ich selbst bin bereit, mich ganz für Sie
aufzuopfern. Können Sie aus Ihrem Kerker entfliehen, so werden wir gewiß eine Freistätte finden,
wo wir den Rest unserer Tage zufrieden verleben
werden.   Baronin L."

Die alte Liebe regte sich wieder in seinem Herzen
und das Verlangen nach Freiheit und Leben. Mit
Sehnsucht erwartete er die Mitternacht. War er nur
einmal aus dem Kerker und hatte er wieder einen
Säbel in der Faust, so wollte er sich durch ein ganzes Bataillon durchhauen. Er hoffte, leicht Mittel
zu finden, heimlich mit der Baronin aus Wien zu
entfliehen und in Holland oder England in Freiheit
zu leben. Zur verabredeten Stunde ließ sich Beirach
an seinem Seile, das nach ihm Trenck benützen
sollte, in den Kanal hinab, als plötzlich das Seil
brach und Beirach hinunterstürzte.

Trenck zweifelte nicht, daß sein Unglücksgefährte
im Kanal sein Grab gefunden habe, und verzweifelte
fast, daß auch für ihn jetzt alle Hoffnung zur Rettung verschwunden sei. Am andern Morgen befiel
ihn ein heftiges Fieber.

Das Loos des Beirach fiel günstiger aus, als Trenck vermuthete. Der weiche Morast schützte ihn vor dem Halsbrechen. Nach einer langen halben Stunde kroch er halb erstickt bis zur Oeffnung des Kanals, die aber so eng war, daß er beinahe mit dem halben Leibe darin stecken geblieben wäre. Nun aber kam er an einen tiefen Weiher, den er durchschwamm. Jenseits des Grabens erstieg er eine kleine Mauer. Auf der Straße begegnete er zufällig einem Bettler der auf Krücken dahin schlich. Er warf ihn zu Boden, nahm ihm seinen Bettleranzug und gab ihm dafür seine eigenen Kleider. Auf des Bettlers Krücken hinkte er bei grauender Morgendämmerung zu dem Stadtthore hinaus, das soeben geöffnet wurde. So wie er weit genug entfernt war, um nicht mehr gesehen zu werden, warf er die Krücken weg, und eilte bettelnd der Grenze zu, über die er glücklich gelangte. Als er einst, um im Schatten eines Waldes auszuruhen, den Rock auszog, spürte er etwas Hartes daran und fand bei näherem Nachforschen an verschiedenen Stellen im Ganzen gegen 600 ungarische Dukaten eingenäht. Er kaufte sich sogleich ein Pferd und anständige Kleidung und ritt rasch nach Holland, wo er eine kleine Wirthschaft anlegte, und durch kluge Haushaltung so viel Vermögen sich erwarb, daß er fortan ein sorgenloses Leben führen konnte.

Enthauptung.

Trencks mächtige Feinde mußten von seiner Freilassung das Aergste befürchten; sie wendeten also alle Kunstgriffe an, ihn zum Tode, oder wenigstens zu ewiger Kerkerstrafe verurtheilen zu lassen. Es kam wirklich so weit, daß die Mehrheit der Stimmen auf Todesstrafe erkannte. Schon lief das Gericht durch ganz Wien, daß er Nachts 11 Uhr auf dem neuen

Märkte sollte hingerichtet werden. Schaarenweise strömte das Volk aus der Stadt und den Vorstädten und nicht als 20000 Menschen erwarteten begierig das blutige Henkerwerk. Einzelne Fenster in der Vorstadt wurden für 3 Dukaten gemiethet.

Mitternacht schlug es, ohne daß die Hauptperson erschien und da, wie gewöhnlich, die Thore gesperrt wurden, so mußten Tausende ihr Nachtquartier auf offener Straße nehmen. Die schreckliche Erfüllung ihrer Erwartung wurde jedoch nur durch einen äusserst glücklichen Zufall, oder vielmehr durch eine Fügung der Vorsehung vereitelt. Nicht ohne Grund befürchtete General L. eine Entdeckung seiner Ränke. Er wußte, daß der Kaiser und Prinz Carl am nämlichen Tage auf die Jagd nach Holizsch fahren würden. Ihre Abwesenheit wollte er dazu benützen, der Monarchin unter dem Vorwande des gebieterischen Staatswohles die Unterzeichnung des Todesurtheiles eines so gefährlichen Mannes abzudrängen, welches er noch in derselben Nacht, vor der Rückkehr des Kaisers und des Prinzen Carl, den er als Gönner Trencks kannte, auf dem in Folge seines Befehles bereits aufgeschlagenen Schaffotte wollte vollziehen lassen.

Der Kammerdiener des Generals L. erzählte dieß seiner Geliebten, die bei der Baronin E. diente, deren Gatte, der Oberst, immer ein guter Freund Trencks war. Voll Mitleid setzte sie sogleich den Obersten von diesem traurigen Schicksale des unglücklichen Trenck in Kenntniß. Der Oberst, dem der Hof sehr gewogen war, eilte mit dieser Nachricht sogleich zum Prinzen Carl, der dem Kaiser den ganzen Betrug entdeckte. Der Ausflug zur Jagd nach Holizsch geschah dennoch; als aber General L. zur Monarchin kam, die schon Alles wußte, und die Unterzeichnung des Todesurtheiles eifrig betrieb, erstaunte er gewaltig über ihre Weigerung. Noch am nämlichen Tage kam unvermuthet der Kaiser zurück und der schändliche Anschlag war mißlungen. Dem General L. wurde die Leitung des Prozesses und die Verwaltung des Trenck'schen Vermögens abgenommen, ja sogar eine Oberrevision des Kriegsgerichtes und des ganzen Trenck'schen Prozesses angeordnet, ein bis dahin unerhörter Fall in Wien.

Trenck wurde von seinen Fesseln befreit und aus dem Stockhause in das Zeughaus zurückgebracht, wo er vier Zimmer, einen Offizier zur Wache, und alle Bequemlichkeit erhielt. Auch gestattete man ihm den Beistand eines Advokaten, was bisher nicht geschah, und welcher der Sache bald eine günstigere Wendung zu geben wußte. Zu diesem Advokaten wählte er bald noch einen zweiten, den Einen für den Criminalprozeß, den Andern für die Civilprozesse.

Neues Urtheil.

Um diese Zeit kam Trencks Vetter, der durch seine vielen Abenteuer und erlittenen Verfolgungen, die er in einem eigenen Werke beschrieben hat, weltbekannte preußische Frhr. Friedrich von der Trenck, erst kurz zuvor aus dem Gefängnisse in Glaz entflohen, nach Wien und gab sich alle Mühe, die Ehre seines Vetters, des Pandurenobersten zu retten. Er bat den Prinzen Carl von Lothringen um Rath und Beistand. Der Prinz versprach ihm seine ganze Protektion und trug ihm auf, seinem Vetter zu sagen, daß er sich alles Unheil in seinem Prozesse durch seinen Geiz zugezogen habe und mit elenden 12000 Gulden zur rechten Zeit alle lauten Schreier und falsche Zeugen unter seinen Anklägern hätte befriedigen können.

Trenck folgte mit schwerem Herzen dem guten Rathe des Prinzen Carl, und den dringenden Zureden seines Vetters und seine, wenn auch verspätete

Freigebigkeit, hatte bald den besten Erfolg. Die ge-
fährlichsten Kläger wurden bald entlarvt, und zuletzt
blieb nur noch die einzige Anschuldigung der Verge-
waltigung einer Müllerstochter in Schlesien. Der
Ankläger hiewegen war der Major von M., Trencks
Geschwisterkind, dem dieser nur immer Wohlthaten
erwiesen, ihn aus der bittersten Armuth gezogen und
in Zeit von vier Jahren bei seinem Regimente zum
Major befördert hatte. Er trat als falscher Zeuge
auf, um den Obersten Trenck vom Regimente zu ent-
fernen, weil er mit dem Quartiermeister F. 84000 fl.
aus der Regimentskasse gestohlen hatte. Erst zwei
Jahre nach Trencks Tode wurde die Falschheit dieser Zeugenschaft erwiesen. Dieser Schurkenstreich war
aber so gut gelungen, daß Trenck bei der tugend-
haften Monarchin alle Gnade und alles Mitleiden
verlor und dadurch seine Verurtheilung sich zuzog,
indem er sonst hätte freigesprochen werden müssen.

Ungeachtet der von Trenck rechtzeitig überreichten
Vertheidigungsschrift, zog sich sein Prozeß doch immer
in die Länge. Er ließ durch seinen Advokaten Dr. G.
eine Erinnerungsbitte anfertigen und erhielt bald darauf die gnädigste Versicherung einer demnächst erfol-
genden Beendigung seines Prozesses, ja sogar von
einigen Freunden im Gerichtshofe heimlich den Trost
seiner gänzlichen Lossprechung bis Ostern 1748. Schon
hielt er den Sieg über seine Feinde errungen, und
war so unbesonnen, in Frankfurt am Main seine Lebensgeschichte drucken zu lassen, worin er nicht nur
einen großen Theil seiner ersten Richter mit den
schwärzesten Farben schilderte, sondern auch zur Ver-
muthung berechtigte, daß er auch als Gegner der
Mitglieder seines dermaligen Gerichtshofes auftreten
werde, sobald er ihrer nicht mehr bedürfe.

Zugleich begann er wieder geizig zu werden, weil
er zweckförderliche Ausgaben nun ersparen zu können

glaubte. Weil die Hauptvertheidigungsschrift des Advokaten noch nicht eingereicht war, verweigerte er seinem Advokaten die Bezahlung der verabredeten 2000 Dukaten und bot ihm nur 100 Dukaten an. Der Advokat war hierüber so empört, daß er sich auf die Seite des Generals L., des größten Feindes Trencks schlug und ihm alle Geheimnisse entdeckte. General L. nahm ihn freundlichst auf und da das Glück oder Unglück seiner Zukunft lediglich durch das Schicksal Trencks entschieden werden konnte, eilte er sogleich zur Monarchin, sagte ihr alles, und drohte mit einer öffentlichen Vertheidigung der Ehre des Kriegsgerichtes, dessen Vorstand er gewesen, im Falle Trencks Freilassung durch die Gunst des Kaisers und des Prinzen Carl erfolgen sollte.

Die furchtbarste Anklage gegen Trenck erhebt sein eigener Vetter, der preußische Trenck in seiner Lebensgeschichte, wo er sagt, daß jener ihn auf eine meuchelmörderische Art aus der Welt zu schaffen suchte, ein Verrätherstreich des schwärzesten Undankes einer teuflichen Seele und zwar in der Absicht ihm keine Verbindlichkeiten mehr schuldig zu sein. Der preußische Trenck verließ ihn, Prinz Carl zog seine schützende Hand von ihm ab, und der Gefangene stand allein da, so vielen Feinden gegenüber, welchen zur eigenen Rettung kein anderes Mittel übrig blieb, als Trencks ewiges Stillschweigen zu bewirken. Sein Advokat that nichts mehr für ihn, der Revisionsprozeß wurde unterbrochen und am 20. August 1748 erschien das Urtheil, dessen Ausspruch dahin lautete: „Daß er als Staatsgefangener lebenslänglich auf dem Spielberge verwahrt werden solle."

Die Fahrt auf den Spielberg.

Trenck vernahm anfangs mit scheinbarer Ruhe das schreckliche Urtheil, um nicht durch weibische Klagen seinen Feinden einen Triumph zu bereiten. Als er aber allein war, brach er aus rasender Wuth in die entsetzlichsten Schmähungen aller seiner Feinde aus, und klagte laut über den erlittenen Undank für alle seine großen Dienste. Er fuhr unter Verwünschungen aller Art dem Spielberge zu, den er mit einem höllischen Fluche begrüßte. Nahe bei dieser Festung begegnete er dem Zigeuner, der ihn einst vor seinen Feinden gewarnt hatte.

„Du hast Recht gehabt, Alter! mit deiner Prophezeiung, aber dennoch soll dich und Alle, die sie erfüllten, die Hölle verschlingen!"

„Ihr werdet mir bald dahin vorausgehen," erwiederte der Zigeuner. „Glückliche Reise!"

„Ist die Freiheit auf immer für mich verloren?" fragte ihn Trenck.

Der Zigeuner antwortete: „Du wirst sie nur in einem Sarge finden."

Mit diesen Worten verschwand er.

Ein heftiges Fieber war die Folge dieser gewaltigen Gemüthsaufregung, die er seit der Mittheilung seines Urtheiles erlitten hatte. Wider seinen Willen — denn er wollte lieber sterben — holte man einen geschickten Arzt aus Brünn.

Der Arzt und sein Schüler.

Der Arzt wußte durch das artigste Benehmen Trencks Vertrauen und Zuneigung zu gewinnen. Eines Tages kürzte der Arzt seinen Besuch mit der Bemerkung ab, daß er selbst ein kleines Fieber spüre; sollte er dadurch verhindert sein, ihn am andern Tage zu besuchen, so wolle er ihm seinen Schüler schicken, auf dem sich Trenck vollständig verlassen könne. Zur gewöhnlichen Stunde kam des andern Tages wirklich der junge Arzt statt des alten und Trenck ging ihm sogleich entgegen, um ihn besorgt wegen des Befin-

kens seines Meisters zu befragen. Er wäre beinahe
in einen Freudenschrei ausgebrochen, als er sah, daß
seine Braut, die Baronin L., vor ihm stand, die einem
zarten Jünglinge ähnlich war.

„Um's Himmelswillen stille!" flüsterte sie ihm
eilfertig zu und unterbrach alle seine Aeusserungen des
Dankes für die zahllosen Beweise ihrer liebevollen
Sorgfalt für ihn während seiner Gefangenschaft durch
folgende Mittheilung:

„Seit ihrer Verurtheilung war mein einziger Ge-
danke ihre Rettung aus diesem Staatsgefängnisse und
endlich fand ich einen Plan, dessen Ausführung gelingen wird. Ich wußte ihren Arzt zu gewinnen, wie
sie sehen, da ich statt seiner gekommen bin und auch
den Offizier, dem ausschließlich ihre Bewachung anvertraut ist und welcher aus Rache wegen verweiger-
ten Vorrückens seine Mitwirkung versprach. Natürlich bleibt ihm nichts Anderes übrig, als mit uns
die Flucht zu ergreifen, daher wir auch für seine künf-
tige Existenz sorgen müssen. Am Wienerhofe gibt es
keine Gnade mehr für sie; vergebens habe ich alle
Mittel dazu erschöpft. Was das Mittel zu ihrer
Rettung betrifft, wird unser Mitverschworener, der
Offizier, ihnen das Nähere sagen. Folgen sie treu-
lich und getrost seinem Rathe. Ich muß fort, um
kein Aufsehen zu erregen. Leben sie wohl! Auf fröh=
liches Wiedersehen für immer!"

Sie entfernte sich.

Ein Sarg.

Bald nach ihr trat der ihn bewachende Offizier
in das Zimmer, erzählte ihm, daß ganz Brünn und
Wien durch die Nachricht von Trends Tode getäuscht seien und von seinen Panduren bereits ein
klägliches Trauerlied deßhalb gesungen werde. Trenck
müsse demnach gestorben zu sein scheinen und sich in

4

einen Sarg legen laffen, an dem fich ein Luftloch zum Athmen für ihn befinde. Trenck hatte allerlei Einwendungen, insbefondere fürchtete er, etwa gar lebendig begraben zu werden. Der Offizier beruhigte ihn über alle feine Bedenken und Alles wurde genau verabredet.

Nach einer Stunde brachten die Träger einen Sarg, legten Trenck hinein und vernagelten den Sarg, was jenem ganz fchauerlich vorkam. Der Sarg wurde Abends über die Treppe hinuntergetragen, auf einen Wagen geladen und nur in Begleitung des Offiziers und eines Bedienten auf einen etwas entfernten Kirchhof gebracht, in deffen Nähe, in einem Waldwege, fchon ein mit rafchen Pferden befpannter Reifewagen hielt, worin Frau von L. faß, welche ihren Bräutigam Trenck und den Offizier erwartete, der den Fuhrmann und den Bedienten fortfchickte, um die zur Beerdigung nöthigen Leute, voll fcheinbaren Aergers über ihr langes Ausbleiben, herbeizuholen. Eilig begann er den Sargdeckel zu öffnen und bereits fühlte fich Trenck durch die kräftig einftrömende frifche Luft neugeftärkt, als eine Schaar Garnifonsfoldaten von Spielberg anrückte. Die Befreiung des Trencks war dem Offizier nicht mehr möglich, ohne fich und jenen der äufferften Gefahr auszufetzen; er entfprang alfo wie ein flüchtiger Hirfch in den Wald, und brachte der Baronin die traurige Nachricht von Trencks vereitelter Flucht. Frau von L. fiel in Ohnmacht, während der Wagen Beide mit rafender Eile davon führte. Sie erholte fich nach und nach, der Offizier weinte mit ihr Thränen um Trenck, tröftete fie auf die zartefte Art, und gewann auf der langen Reife nach Holland ihr Herz in folchem Grade, daß fie ihm dafelbft ihre Hand am Altare reichte. Sie hatte ihr ganzes, fehr bedeutendes Vermögen, in Gold, Juwelen und Wechfeln mitgenommen und ein großes

Landgut gekauft, auf welchem sie, nach und nach von Söhnen und Töchtern umgeben, ein sorgenloses, glückliches Leben führten. Zwei Monate später hatte jener rechtschaffene Bediente ihres vorigen Gatten sie nach längem Forschen aufgefunden, der sie einst im Walde hätte ermorden sollen. Die Gerettete war voll Freude, ihre Dankbarkeit bethätigen zu können, und ihr neuer Gatte nahm ihn als Kammerdiener in seine Dienste.

Selbstverkündigung des Todes.

Trencks mächtige Feinde waren durch seine ewige Gefangenschaft keineswegs beruhiget; sie kannten seine List und Verwegenheit zu gut, um nicht zu fürchten, daß ihm früher oder später ein Fluchtversuch gelingen möge. Erhielt er auf diese Art seine Freiheit wieder, so würde er ihnen aus einem fernen Lande, wohin er zu seiner Sicherheit fliehen mußte, durch eine öffentliche Schilderung der bei seinem Prozesse angewendeten strafbaren Kniffe ein sehr böses Spiel bereitet haben. Ein solches Ereigniß mußte mit aller Sorgfalt verhütet werden. Gleich nach Trencks Verurtheilung wußten sie ganz im Stillen einen Wechsel der Garnison zu Spielberg zu bewirken und ihre treuesten Anhänger und besten Spione dafür hinzuschicken. Nur in dem einzigen Offiziere hatten sie sich getäuscht.

Diese Spione schöpften Verdacht, als aus Brünn und Wien das Gerücht von dem Tode Trencks nach Spielberg kam, während dieser noch lebte, daß es zu irgend einem Zwecke absichtlich mußte ausgesprengt worden sein. Sie spionirten mit verdoppelter Wachsamkeit, kamen dem Plan immer näher auf die Spur und beschlossen, denselben, so zu sagen, unter ihren eigenen Augen bis zum entscheidenden Augenblicke auszuführen zu lassen, um dann strengere Haft für Trenck und die verschuldete Strafe des ihm beigestandenen

Offiziers veranlassen zu können, da Beiden, auf fri=
scher That ertappt, kein Läugnen mehr zu helfen ver=
mochte.

Ein Umweg, den das nach dem Kirchhofe abge=
sendete Commando zufällig machte, rettete den Offizier
durch eine ihm noch mögliche schnelle Flucht vor der
Gefangenschaft und einem traurigen Schicksale; Trenck
aber, noch in seinem Sarge eingeschlossen, fiel in die
Hände der Verfolger, die ihn nach dem Spielberge
zurückführten, wo er in seinem Kerker wie ein ver=
wundeter Löwe wüthete und sich der Verzweiflung hin=
gab, anstatt mit Selbstbeherrschung eine günstigere
Zukunft zu erwarten und inzwischen auf neue Rett=
ungspläne zu sinnen. Aber dazu fehlte ihm schon jener
moralische Muth, der sich nie zu dem wilden Unge=
stüme der Leidenschaften gesellt.

Er beschloß zu sterben, wollte aber noch seinem
Vetter, dem preußischen Trenck, der doch so viel für
ihn gethan hatte, einen Streich spielen. Diesen hatte
der alte Trenck zum Universalerben für den Fall
eingesetzt, daß der Sohn Franz ohne Erben stürbe.
Nun aber, ohne Rücksicht auf das väterliche Testa=
ment, machte Trenck ein betrügerisches Testament aus
einem Grunde, den er dem Baron K. mit den Wor=
ten bezeichnete: „Ich sterbe mit Freuden, da ich mei=
nen Vetter noch nach meinem Tode chicaniren und
unglücklich machen kann," welchen Zweck er auch
wirklich erreichte, obgleich er ihn zu seinem Universal=
erben ernannte. Das eigene erworbene Vermögen
unsers Trenck stand unter Verwaltung; mehr als
100000 Gulden waren schon auf den Prozeß ver=
wendet worden, und 63 Civilprozesse bei Gericht noch
gegen ihn anhängig. Nun wollte er auch noch gegen
80000 Gulden Legate vermachen.

Um auch noch durch seinen Tod Aufsehen zu er=
regen, spielte er jetzt die Rolle eines Heiligen in einer

Kapuzinerkutte aus alter Borliebe für diesen Orden.
Drei Tage vor seinem Tode, noch ganz gesund, ließ
er dem Commandanten sagen, er wolle seinen Beichtvater nach Wien schicken, und der heilige Franziskus
habe ihm geoffenbart, daß er ihn an seinem Ramens-
tage (Franz Seraph, 4. Oktober) um 12 Uhr Mittags zur ewigen Seligkeit abholen werde. Drei Tag-
nach der Abreise des Kapuziners, seines Beichtvaters,
nach Wien, sagte Trenck: „Die Gewißheit meiner
Reise in die Ewigkeit ist nun auch bestätiget; mein
Beichtvater ist gestorben und mir bereits erschienen."
Es war wirklich so. Der preußische Trenck sagt
hierüber: „Die Auflösung dieses Räthsels, welche
mir allein bekannt ist, ist diese: Seinem Beichtvater,
den er nach Wien schickte, hatte er alle Geheimnisse
anvertraut und ihm viele Kleinodien und Wechsel-
briefe mitgegeben, die er auf die Seite schaffen wollte.
Ich weiß bestimmt, daß er einem gewissen großen
Herrn damals seine Wechsel zu 200000 Gulden cas-
sirt zurückgeschickt hat, der mir, als dem rechtmäßigen
Erben, keinen Groschen wieder gab. Der Beichtvater
aber sollte außer Stand gesetzt werden, ihn jemals
zu verrathen. Deswegen gab er von dem ihm wohlbekannten, geheimnißvollen Gifte, Aqua Toffana
genannt, dessen tödtliche Wirkungszeit sich voraus genau berechnen läßt, so viel im Leibe mit, daß der
Kapuziner nach dem Vollzuge seiner Aufträge tobt
gefunden wurde."

„Er selbst nahm nun gleichfalls so viel von diesem Gifte zu sich, daß er die Stunde seines Todes
vorausbestimmen konnte. Nun ließ er die Offiziere
der Garnison zu Brünn zusammenkommen, stiftete eine
Kapelle und eine ewige Messe über seinem Grabe und
vermachte den Kapuzinern eine Summe von 6000 fl.
Dann ließ er sich in seiner Kutte als Kapuziner ton-
suriren, beichtete öffentlich, hielt eine stundenlange

Predigt, worin er Alle zum Heiligwerden aufmunterte
und spielte den aufrichtigsten Büßer. Hierauf um-
armte er sie Alle, sprach lächelnd von der Nichtigkeit
der Erbengüter, nahm Abschied und kniete nieder zum
Gebet. Als er eine halbe Stunde gebetet hatte, schlief
er ein wenig ein, stand auf, kniete hin und betete
wieder."

„Um 12 Uhr Mittags nahm er die Uhr in die
Hand und sagte: „Gottlob! meine Stunde naht!"
Einige waren voll Erwartung, Andere lachten heimlich über das Gaukelspiel des sonderbarsten Mannes
seiner Art. Endlich bemerkte man, daß sein Gesicht
auf der linken Seite weiß wurde. Nun setzte er sich
an den Tisch mit aufgelehnten Armen, betete und blieb
dann ganz still mit geschlossenen Augen. Es schlug
12 Uhr und der Pandurenoberst war wirklich mit dem
letzten Glockenschlage verschieden. Die Zuschauer, die
das Räthsel nicht wußten, waren voll Erstaunen, und
bald erscholl's im ganzen Lande: der heil. Franziskus
habe den Pandurentrenck in den Himmel geholt."

„So starb dieser sonderbare Mann wirklich, wie
er es vorhergesagt, an seinem Namenstage den 4. Oktbr.
1749 im 38. Jahre seines Alters, der wilde Krieger,
die Geißel der Bayern und Franzosen, als ein heuch-
lerischer Schurke. Hätte er eine Krone getragen, er
würde vielleicht Cäsars Rolle mit Amurats Säbel
gespielt haben."

Trenck war ein Ungeheuer, aber damals Öster-
reichs tapferster und glücklichster Krieger, von den Feinden am meisten gefürchtet; er hätte sagen können, wie
Karl Moor in den „Räubern" von Schiller und
zwar mit dem größeren Rechte zahlreicher Beweise:

„Ich trage eine Armee in meiner Faust!"

In der J. Lutzenberger'schen Buchhandlung in Burghausen ist auch zu haben:

Leben und glorreiche Thaten des großen Kaisers Napoleon I. 9 kr.

Ritter Hugo von Schreckenstein, der Frevelhafte genannt, oder lieber das Leben als die Unschuld verloren. Ein schauerliches Gemälde aus der Ritterzeit. Mit Bildern geziert. 9 kr.

Hanno der Wilde, Schloßvogt auf Burghausen, und die Wallfahrt zum Gnadenbild nach Altötting. Charakteristisches Zeitbild aus dem zehnten Jahrhundert. 9 kr.

Rinaldo Rinaldini, der große italienische Räuberhauptmann. Sein merkwürdiges Leben und Tod durch Freundeshand. 9 kr.

Der bayerische Hiesel, der verwegenste und merkwürdigste Wildschütz u. Räuberhauptmann in Deutschland. Dessen schreckliches Leben u. fürchterliche Abentheuer ganz der Wahrheit gemäß dargestellt nach den verläßigsten Angaben. 9 kr.

Johann Bückler, vulgo Schinderhannes, der berüchtigte Räuberhauptmann, dargestellt in seinem verbrecherischen Wirken und schaudervollen Ende auf dem Schaffot. Neue fürs Volk bearbeitete Ausgabe. 9 kr.

Der wilde Raubgraf Bruno von Rabenhorst und sein schreckliches Ende in der Teufelsmühle, oder das furchtbare Vehmgericht um Mitternacht. 9 kr.

Merkwürdige Geschichte des Wundermädchens Johanna d'Arc, genannt Jungfrau von Orleans, welche, als ausersehenes Werkzeug Gottes, bestimmt war, Frankreich vom Untergang zu erretten. Eine wahre Begebenheit. 9 kr.

Beschreibung der heiligen Stadt Jerusalem n
der heiligen Orte; nebst kurzgefaßter Geschichte
des jüdischen Volkes. Mit der Ansicht von J
salem, der Kirche des heil. Grabes und der
zu Bethlehem. 9

Sammlung der beliebtesten neueren Lieder
terhaltenden und komischen Inhaltes. Gewidmet
Freunden des Gesanges. 5te verbeff. Aufl. 9 kr.

Unentbehrliches Kunst- und Hausbuch, worin ei
Sammlung von vorzüglichen Recepten in der Hau
und Landwirthschaft, Küchen-Oekonomie, Schönhei
Mittel, sowie sonstige allgemein nützliche Anweisu
gen und Vorschriften enthalten sind. 9 kr.

Goldnes Schatzkästlein. Eine Sammlung b
vortrefflichsten Sympathiemittel, durch welche nich
nur körperliche Leiden und Gebrechen, sonder
auch viele Krankheiten der Menschen au
feile und schnelle Art geheilt werden. un
entbehrliches Handbüchlein für Freunde un Anhänger der Sympathie. 6 kr.

Vollständiger 100jähriger Haus = Kalender vom
Jahre 1801 bis 1900. Nach den zuverlässigsten
Quellen bearbeitet zum Nutzen und Frommen des
Bürgers und Landmannes. Derselbe enthält nebst
den nöthigen Angaben und Witterungsbestimmungen
auch die Reihenfolge des Planetensystems, sowie
den in frühern Zeiten vielfach berücksichtigten Ein-
fluß der Planeten und des Thierkreises auf die
Menschen. Als Anhang sind demselben die in jedem Monat zu vollführenden haus= und landwirth-
schaftlichen Verrichtungen und Gartenarbeiten, sowie
eine Sammlung der merkwürdigsten Bauernregeln
beigegeben. 9 kr.

Das Ganze der Traumdeuterei, oder die Kunst,
jeden Traum richtig zu deuten. Nebst Beifügung der
hierauf bezüglichen Lottozahlen. 9 kr.